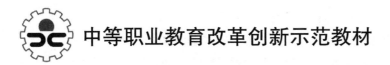

中等职业教育改革创新示范教材

Qiche Dipan Lishi Yitihua Jiaocai
汽车底盘理实一体化教材

（中级工·第三版）

陈社会　秦　来　季亮亮　主　编
张志海　李　方　吴　威　副主编
　　　　　　朱　军　主　审

人民交通出版社股份有限公司
China Communications Press Co.,Ltd.

内 容 提 要

本教材是中等职业教育改革创新示范教材。主要内容包括离合器踏板位置的检查与调整，手动变速器齿轮润滑油的检查与更换，自动变速器的基础检查，传动轴、等速万向节及橡胶护套的检查与更换，驱动桥的拆装与调整，盘式制动器的拆装与检查，鼓式制动器的拆装与检查，驻车制动器的检查与调整，制动液的检查、添加与更换，制动助力器、制动主缸和轮缸的更换，ABS轮速传感器的检查与更换，减振器的检查与更换，车轮动平衡检测，轮胎的拆装，动力转向系统的检查，共15个项目。

本书为中等职业院校及技工院校汽车运用与维修专业的教材。

图书在版编目（CIP）数据

汽车底盘理实一体化教材：中级工 / 陈社会，秦来，季亮亮主编. —3版. —北京：人民交通出版社股份有限公司，2017.12
中等职业教育改革创新示范教材
ISBN 978-7-114-14260-4

Ⅰ.①汽… Ⅱ.①陈… ②秦… ③季… Ⅲ.①汽车—底盘—中等专业学校—教材 Ⅳ.①U463.1

中国版本图书馆CIP数据核字(2017)第252089号

中等职业教育改革创新示范教材

书　　名：	汽车底盘理实一体化教材（中级工·第三版）
著 作 者：	陈社会　秦　来　季亮亮
责任编辑：	戴慧莉
出版发行：	人民交通出版社股份有限公司
地　　址：	（100011）北京市朝阳区安定门外外馆斜街3号
网　　址：	http://www.ccpress.com.cn
销售电话：	（010）59757973
总 经 销：	人民交通出版社股份有限公司发行部
经　　销：	各地新华书店
印　　刷：	北京市密东印刷有限公司
开　　本：	787×1092　1/16
印　　张：	14.25
字　　数：	299千
版　　次：	2011年8月　第1版 2014年7月　第2版 2017年12月　第3版
印　　次：	2017年12月　第3版　第1次印刷　总第4次印刷
书　　号：	ISBN 978-7-114-14260-4
定　　价：	34.00元

（有印刷、装订质量问题的图书由本公司负责调换）

第三版前言

　　随着经济社会和汽车技术的飞速发展，肩负着为社会和用人单位培养高技能人才的职业院校应不断深化教学改革，创新教学模式，努力提高教学质量。而理顺课程体系，抓好教材建设，是提高教学质量的一项重要工作。作为主要培养汽车运用与维修领域高技能人才的汽车学校，有责任和义务在教材建设方面发挥重要作用。为此，组织相关老师，根据国家劳动和社会保障部颁发的《汽车修理工国家职业标准》《职业技能鉴定规范》及全国高级技工学校汽车类专业"教学计划与大纲"的要求，按汽车修理工（中级工、高级工、技师）培养目标要求编写了本套教材。

　　本教材第一版出版后，被教育部评定为"中等职业教育改革创新示范教材"并向全国中等职业学校推荐使用，这说明本教材无论在教学理论、教学内容，还是教学组织形式上，都具有较强的改革创新特性，值得向全国广大职业院校进行推广。为了更好地发挥本教材的示范作用，编写组在教学中不断总结经验和加强研究，同时听取全国各地职业院校对本教材在使用中提出的宝贵意见，决定对本教材进行修订。

　　本教材为项目课程教材，融入了近年来尝试的项目式教学改革的经验和成果，并进一步结合当前汽车维修企业的生产实际而编写的，具有较强的针对性。本教材具有如下特点：

　　（1）所有实训项目，都是根据汽车维修一线的实践统计选择出来的最常见、最实用的汽车维修项目，并结合了学校现有的实训设备。因此，不同于以往实训教材那样按照汽车的各个系统完整地罗列出所有的维修项目。这样选择主要是为了体现汽车维修项目的实用性，希望学生在实训中学到汽车维修实践中最常见的维修项目，使学生在学校里学到的实际技能与汽车维修企业中遇到的维修项目实现零距离接轨。

　　（2）编写上注重理论与实践的结合，在每个项目中，都加入了相关理论知识的讲解，并根据汽车修理工（中级工、高级工、技师）培养目标进行删减。实训项目采用大量照片附加文字的方式来进行操作步骤的表述。这样的编写形式是为了正确、规范地传授实训课程中的技能要点。

（3）选用的车型为上海大众桑塔纳以及一汽丰田卡罗拉轿车，教材专业适应性强，适用面广。

（4）与教材第一版、第二版相比，第三版增加了近几年新出现的工艺及技术内容，对部分图片进行了更换。

（5）针对江苏省的中职学业水平测试大纲，第三版教材增加了相应的内容，方便学生学习。

本教材是集体劳动的成果。本教材的出版得到江苏省无锡汽车工程中等专业学校和南通工贸技师学院的大力支持。教材的编写人员主要有陈社会、秦来、季亮亮、张志海、李方、吴威等。

由于编者水平有限，教材中难免有不妥之处，恳请广大读者批评指正。

编　者
2017年5月

目 录

项目一 离合器踏板位置的检查与调整 1

  任务1 离合器的认知 3
  任务2 离合器踏板位置的检查与调整 11
  任务3 液压离合器放空气 13

项目二 手动变速器齿轮润滑油的检查与更换 15

  任务1 手动变速器的认知 17
  任务2 手动变速器齿轮润滑油的检查与更换 25

项目三 自动变速器的基础检查 31

  任务1 自动变速器的认知 33
  任务2 变速杆及空挡起动开关的检查 41
  任务3 自动变速器润滑油的检查 47

项目四 传动轴、等速万向节及橡胶护套的检查与更换 57

  任务1 万向传动轴装置的认知 59
  任务2 传动轴、等速万向节及橡胶护套的检查与更换 63

项目五 驱动桥的拆装与调整 69

  任务1 驱动桥的认知 71
  任务2 驱动桥的拆装与调整 75

项目六 盘式制动器的拆装与检查 79

  任务1 盘式制动器的认知 81
  任务2 盘式制动器的拆装与检查 83

项目七 鼓式制动器的拆装与检查 ········ 87

- 任务1 鼓式制动器的认知 ········ 90
- 任务2 鼓式制动器的拆装与检查 ········ 92

项目八 驻车制动器的检查与调整 ········ 95

- 任务1 驻车制动器的认知 ········ 97
- 任务2 驻车制动器的检查与调整 ········ 101

项目九 制动液的检查、添加与更换 ········ 105

- 任务1 液压制动系统的认知 ········ 107
- 任务2 制动液的检查和添加 ········ 111
- 任务3 制动液的更换 ········ 115

项目十 制动助力器、制动主缸和轮缸的更换 ········ 119

- 任务1 制动助力器、制动主缸和轮缸的认知 ········ 122
- 任务2 制动主缸的更换 ········ 133
- 任务3 制动轮缸的更换 ········ 137

项目十一 ABS轮速传感器的检查与更换 ········ 141

- 任务1 ABS的认知 ········ 143
- 任务2 ABS轮速传感器的检查与更换 ········ 149

项目十二 减振器的检查与更换 ········ 161

- 任务1 悬架的认知 ········ 163
- 任务2 减振器的检查与更换 ········ 174

项目十三 车轮动平衡检测　181

- 任务1　车轮的认知　183
- 任务2　车轮动平衡机的认知　187
- 任务3　车轮动平衡的检测　190

项目十四 轮胎的拆装　193

- 任务1　轮胎的认知　195
- 任务2　轮胎拆装机的认知　201
- 任务3　轮胎的拆装　203

项目十五 动力转向系统的检查　207

- 任务1　动力转向系统的认知　209
- 任务2　电动助力转向系统的常规检查　214
- 任务3　液压助力转向系统的常规检查　218

参考文献　220

项目一

离合器踏板位置的检查与调整

 知识点

1. 离合器的主要部件与工作原理；
2. 离合器传动装置的基本组成与工作原理。

 技能点

1. 液压式离合器操纵机构排空气；
2. 检查调整离合器踏板位置。

 参考学时及教学组织安排

本项目总学时为6学时，其中：理论教学为1学时，示范为1学时，学生练习为4学时。

本教学项目可以采用工艺化教学法，每2名学生为一组，按照1、2进行编号，1号学生负责驾驶室内操作，2号学生负责车下操作。操作完一遍后，两名学生职责交换。每辆车安排一组学生操作，如果学生较多，可以分别安排几组学生在旁边观看学习。

教师讲解并示范操作步骤和注意事项，适时下达操作指令，并进行工位间巡视、检查、指导和纠正错误。

项目实施所需设备、器材

丰田卡罗拉乘用车

离合器试验台架

制动液（DOT4）

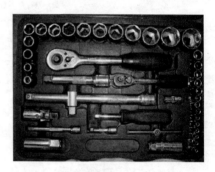

常用工具

任务 1　离合器的认知

一、离合器

离合器安装在发动机和变速器之间，是汽车传动系统中直接与发动机相联系的总成件。汽车从起步到正常行驶的整个过程中，驾驶员可根据需要操纵离合器，使发动机和传动系统暂时分离或逐渐接合，以切断或传递发动机向传动系统输出的动力。

1. 功用

1）保证汽车平稳起步

汽车由静止到行驶的过程，速度由零逐渐增大，需要很强的动力，发动机提供不了如此大的动力就将熄火。在汽车起步时，离合器逐渐接合（与此同时，逐渐踩下加速踏板，以增加发动机的输出转矩），离合器所能传递的转矩也逐渐增大，发动机的转矩便可以由小到大地传给传动系统，当牵引力足以克服汽车的行驶阻力时，汽车便由静止状态开始缓慢地加速，实现平稳起步。

2）便于换挡

汽车在行驶过程中，为了适应行驶条件的变化，需要经常换用变速器不同的挡位工作。而普通齿轮式变速器的换挡是通过拨动换挡机构来实现的，即在用挡位的一对齿轮副退出啮合，待用挡位的一对齿轮副进入啮合。换挡时，如果没有离合器将发动机和变速器之间的动力暂时切断，在用挡位齿轮副之间将因压力很大而难以脱开；待用挡位的齿轮副将因两者圆周速度不等而难以进入啮合，即使能进入啮合也会产生很大的冲击和噪声，损坏机件。

汽车装设了离合器后，换挡前先使离合器分离，暂时切断传动系统的动力传递，然后再进行换挡操作，以保证换挡操作过程的顺利进行，并减轻或消除换挡时的冲击。

3）防止传动系统过载

当汽车紧急制动时，车轮突然紧急降速。若发动机与传动系统刚性连接，将迫使发动机也随着急剧降速，其所有运动件将产生很大的惯性力矩（其数值将大大超过发动机正常工作时所产生的最大转矩），这一惯性力矩作用于传动系统，会造成传动系统过载而使其机件损坏。有了离合器，当传动系统承受载荷超过离合器所能传递的最大转矩时，离合器会自动打滑以消除这一危险，从而起到过载保护的作用。

2. 分类

（1）按照离合器从动盘的数目不同，离合器可分为单片式、双片式和多片式。

（2）按压紧弹簧及布置形式不同，离合器可分为周布螺旋弹簧式（图1-1）、中央弹簧式、膜片弹簧式（图1-2）和斜置弹簧式。

图1-1 周布螺旋弹簧式离合器压盘

图1-2 膜片弹簧式离合器压盘

（3）按照分离离合器时所需要的操纵能源的不同，离合器操纵机构分为机械式、液压式和气压助力式。

二、离合器的组成及工作原理

1 组成

离合器主要由主动部分(包括飞轮、压盘、离合器盖等)、从动部分(从动盘)、压紧装置(压紧弹簧)、分离机构(包括分离杠杆、分离轴承等)和操纵机构(拉杆、离合器踏板、复位弹簧等)组成。

2 工作原理

周布螺旋弹簧式离合器（图1-3）的分离过程：驾驶员踩下离合器踏板，通过一系列传动装置使分离轴承压向分离杠杆，分离杠杠以支撑销为支点转动，前端向后运动，后端向前运动，因为分离杠杠后端和压盘通过支撑片连接，所以压盘克服压缩弹簧的力量向前运动，从而离开了离合器从动盘，离合器处于分离状态。

周布螺旋弹簧式离合器的结合过程：驾驶员松开制动踏板，离合器压盘在压缩弹簧的作用下压向从动盘，各操纵机构包括分离轴承、分离杠杆等零件也在此作用力下回位。

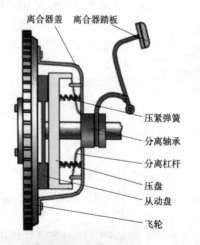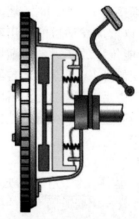

图1-3 周布螺旋弹簧式离合器工作原理

膜片弹簧式离合器工作过程类似于周布螺旋弹簧式离合器，只是膜片弹簧离合器是用膜片弹簧代替了一般螺旋弹簧以及分离杆机构而做成的离合器，因为它布置在中央，所以也可算中央弹簧离合器。膜片弹簧是一个用薄弹簧钢板制成的带有一定锥度，中心部分开有许多均布径向槽的圆锥形弹簧片。膜片弹簧是碟形弹簧的一种，由碟簧部分和分离指部分组成，如图1-4所示。

膜片弹簧是具有弯曲形状起压紧摩擦副和分离机构作用的盘状弹簧，和普通螺旋弹簧相比，膜片弹簧轴向尺寸小、结构简单。

图1-4 膜片弹簧式离合器

三 离合器的操纵机构

机械式操纵机构和液压式操纵机构都是以驾驶员作用在踏板上的力作为唯一的操纵能源；气压式操纵机构、助力式操纵机构则是以发动机驱动的空气压缩机或其他形式能量作为主要操纵能源，而驾驶员踩踏板的力只作为辅助或后备操纵能源。

1. 机械式操纵机构

机械式操纵机构有杆式传动（图1-5）和绳索式传动（图1-6）两种。

杆式传动是结构最简单的离合器传动机构，由离合器踏板、分离杠杆、踏板复位弹簧、调整螺母、分离叉等零件组成。它广泛应用于各种型号的载货汽车，如：EQ1090、CA1091等。

绳索式传动机构可以消除位移和变形等缺点，且可在一些杆式传动布置比较困难的情况下采用。它多用于微轻型汽车，如：桑塔纳、捷达等。

2. 液压式操纵机构

液压式操纵机构一般是由离合器踏板、离合器主缸（又称总泵）、工作缸（又称分泵）、分离叉、分离杠杆、分离轴承和管路系统组成，如图1-7所示。

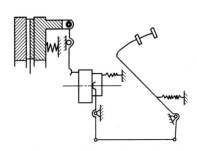

图1-5 杆式传动操纵机构

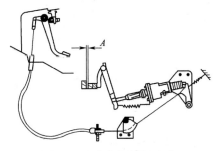

图1-6 绳索式传动操纵机构

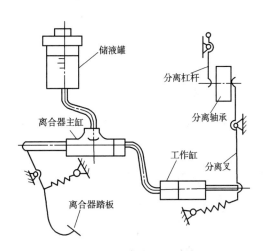

图1-7 液压式传动操纵机构

工作原理：驾驶员克服各处弹簧力踩下离合器踏板，通过杠杆传动，推动离合器主缸中的活塞移动，活塞挤压离合器液压油，高压的离合器液压油通过管路将压力传递到工作缸，推动工作缸中的活塞移动，通过工作缸推杆推动分离叉转动，从而推动离合器分离轴承左移，最后压动离合器分离杠杆，使离合器分离；结合时依靠离合器压紧弹簧及其他各处弹簧弹力复位结合。

知识链接

一 汽车的组成

1 发动机

发动机是汽车的动力装置。其作用使燃料燃烧产生动力，然后通过底盘的传动系统驱动车轮使汽车行驶。发动机主要有汽油机和柴油机两种。汽油发动机由曲柄连杆机构、配气机构和燃料供给系统、冷却系统、润滑系统、点火系统、起动系统组成。柴油发动机的点火方式为压燃式，所以无点火系统。

2 底盘

底盘的作用是支撑、安装汽车发动机及其各部件、总成，形成汽车的整体造型，并接受发动机的动力，使汽车产生运动，保证正常行驶。底盘由传动系统、行驶系统、转向系统和制动系统四部分组成。

3 车身

车身安装在底盘的车架上，用以驾驶员、旅客乘坐或装载货物。轿车、客车的车身一般是整体结构，货车车身一般是由驾驶室和货厢两部分组成。

4 电器设备

电器设备由电源和用电设备两部分组成。电源包括蓄电池和发电机。用电设备包括发动机的起动系统、汽油机的点火系统和其他用电装置。

二 汽车底盘总体构造

1 传动系统

1）作用

将发动机动力传递给驱动车轮，同时应保证汽车具有在各种行驶条件下所必需的牵引力、车速以及保证牵引力与车速之间协调变化等功能，使汽车具有良好的动力性和燃油经济性；还应保证汽车能倒车以及左、右驱动轮能适应差速要求，并使动力传递能根据需要而平稳地结合或彻底、迅速地分离。

2）组成

传动系统主要由离合器、变速器、万向传动装置（万向节、传动轴）、主减速器、差速器、半轴等组成，如图1-8所示。

3）传动系统动力传递路线

发动机→离合器→变速器→万象传动装置（万向节、传动轴）→主减速器→差速器→半轴→轮毂→车轮

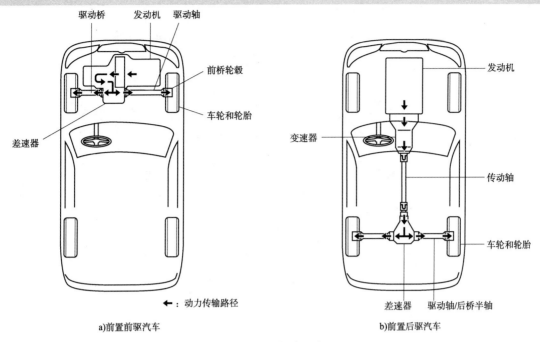

a) 前置前驱汽车　　　　　　　　　b) 前置后驱汽车

图1-8　传动系统的组成

2 转向系统

1) 作用

转向系统的作用是改变和保持汽车的行驶方向。

2) 组成

转向系统主要由转向操纵机构、转向传动机构和转向器三部分组成,如图1-9所示。

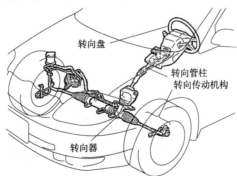

图1-9　转向系统的组成

3 行驶系统

1) 作用

(1) 将传动系统传来的动力通过车轮转化为汽车的驱动力;

(2) 承受和传递路面作用于车轮上的各种力和力矩,并吸收振动、缓和冲击;

(3) 与转向系统配合,实现汽车行驶的正确控制;

(4) 支撑全车重量。

2）组成

行驶系统主要由车架、车轮、车桥、悬架四部分组成，如图1-10所示。

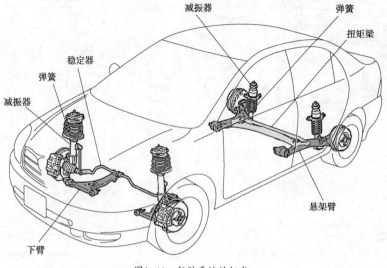

图1-10　行驶系统的组成

④ 制动系统

1）作用

制动系统使汽车减速、停车或稳定驻车。

2）组成

制动系统主要由制动传动装置（液压、气压）、制动器等组成，如图1-11所示。

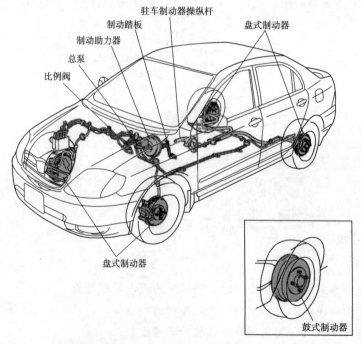

图1-11　制动系统的组成

三、传动系统的布置形式

汽车传动系统的组成和布置形式是随发动机的类型、安装位置以及汽车用途的不同而变化的。例如，越野车多采用四轮驱动，则在它的传动系统中就增加了分动器等总成，而对于前置前驱的车辆，它的传动系统中就没有传动轴等装置。

1. 前置前驱—FF

发动机前置、前轮驱动如图1-12所示。

这种形式操纵机构简单、发动机散热条件好，但上坡时汽车质量后移，使前驱动轮的附着质量减小，驱动轮易打滑；下坡制动时则由于汽车质量前移，前轮负荷过重，高速时易发生翻车现象。现在大多数轿车采取这种布置形式。

2. 前置后驱—FR

发动机前置、后轮驱动如图1-13所示。

这是一种传统的布置形式。国内外的大多数货车、部分轿车和部分客车都采用这种形式。FR的优点是：附着力大，易获得足够的驱动力，整车的前后质量比较均衡，操控稳定性较好；缺点是：传动部件多，传动系统质量大，贯穿于乘坐舱的传动轴占据了舱内的底板空间。

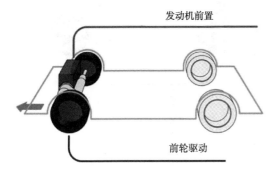

图1-12 发动机前置、前轮驱动

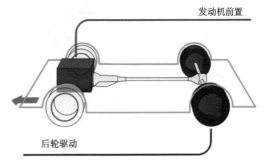

图1-13 发动机前置、后轮驱动

3. 后置后驱—RR

发动机后置、后轮驱动如图1-14所示。

在大型客车上多采用这种布置形式，少量微型、轻型轿车也采用这种形式。其优点是：发动机后置，使前轴不易过载，并能更充分地利用车厢容积，还可有效地降低车身底板的高度或充分利用汽车中部底板下的空间安置行李，也有利于减轻发动机的高温和噪声对驾驶员的影响。缺点是：发动机散热条件差，行驶中的某些故障不易被驾驶员察觉；远距离操纵也使操纵机构变得复杂，维修调整不便。但由于优点较为突出，在大型客车上应用越来越多。

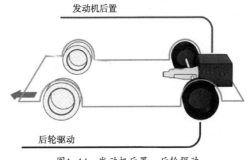

图1-14 发动机后置、后轮驱动

④ 中置后驱—MR

发动机中置、后轮驱动如图1-15所示。

发动机放置在前、后轴之间，同时采用后轮驱动，类似F1赛车的布置形式。还有一种"前中置发动机"，即发动机置于前轴之后、乘员之前，类似于FR，但能达到与MR一样的理想轴荷分配，从而提高操控性。MR的优点是：轴荷分配均匀，具有很中性的操控特性。其缺点是：发动机占去了座舱的空间，降低了空间利用率和实用性，因此MR大都是追求操控表现的跑车。

⑤ 四轮驱动—4WD

四轮驱动—4WD如图1-16所示。

无论哪种布局，都可以采用四轮驱动。以前越野车上应用的最多，但随着限滑差速器技术的发展和应用，四驱系统已能精确地调配转矩在各轮之间分配，所以高性能跑车出于提高操控性考虑也越来越多地采用四轮驱动。4WD的优点是：四个车轮均为驱动轮，地面附着率最大，通过性和动力性好。

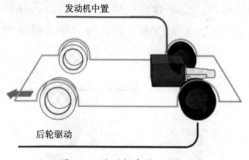

图1-15　发动机中置、后轮驱动

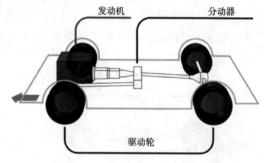

图1-16　四轮驱动

任务 2　离合器踏板位置的检查与调整

一　检查调整离合器踏板高度

（以丰田卡罗拉为例）

离合器踏板距离底板的高度：143.6~153.6mm。

（1）翻起地毯。

（2）检查并确认离合器踏板高度正确，如图1-17所示。

图1-17　检查并确认踏板高度正确

（3）松开锁紧螺母并转动限位螺栓，直至获得正确的高度，如图1-18所示。

图1-18　松开锁紧螺母并转动限位螺栓

（4）拧紧锁紧螺母（力矩：16N·m）。

二　检查离合器踏板自由行程和推杆行程

离合器踏板自由行程，是指为了消除离合器传动机构的自由间隙和分离机构、操纵机构零件的弹性变形所需要的离合器踏板行程。

（1）检查并确认离合器踏板自由行程和推杆行程是否正确。

①踩下离合器踏板直至开始感觉到来此离合器的阻力。

踏板自由行程：5.0~15.0mm，如图1-19和图1-20所示。

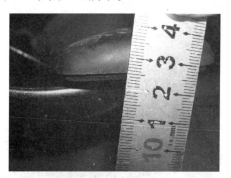

图1-19　离合器踏板原始高度

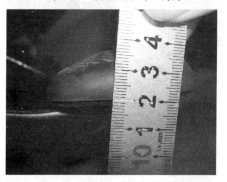

图1-20　稍微踩下离合器踏板开始感觉到离合器阻力

②轻轻踩下离合器踏板直至阻力开始增大。

离合器踏板顶端处的推杆行程：1.0~5.0mm。

（2）如有必要，调整离合器踏板自由行程和推杆行程。

①松开锁紧螺母并转动推杆,直至获得正确的自由行程和推杆行程,如图1-21所示。

图1-21 松开锁紧螺母并转动推杆

②拧紧锁紧螺母(力矩:12N·m)。
③调整好离合器踏板自由行程后,检查离合器踏板的高度。

三 检查离合器分离点

(1)检查离合器分离点。
①拉紧驻车制动器操纵手柄并安装车轮止动楔块,如图1-22和图1-23所示。

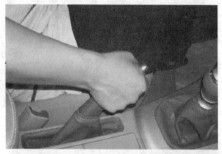

图1-22 拉紧驻车制动器操纵手柄

图1-23 安装车轮止动楔块

②起动发动机并使其怠速运转,如图1-24所示。

图1-24 起动发动机并使其怠速运转(暖车状态)

③踩下离合器踏板时,缓慢移动变速杆至倒挡,直至齿轮接触。
④逐渐踩下离合器踏板,并测量从齿轮噪声消失点(分离点)到离合器踏板行程终点位置的行程距离。

标准距离:25mm或更长(从离合器踏板行程终点位置到分离点),如图1-25和图1-26所示。

图1-25 离合器踏板原始高度

图1-26 踩下离合器踏板,直至噪声消失

(2)如果该距离不符合规定,则执行以下程序:
①检查离合器踏板高度;
②检查推杆行程和离合器踏板自由行程;
③对离合器管路进行放气;
④检查离合器盖和离合器盘。

任务 3 液压离合器放空气

一、离合器液压系统有空气会造成的一些现象

（1）离合器踏板绵软。

（2）离合器分离不彻底，甚至无法分离。

二、对离合器液压系统实施放气

提示

如果要对离合器液压系统进行任何操作或怀疑离合器管路内有空气进入，则对离合器液压系统进行放气。

（1）检查液压油储液罐内油液是否充足，如图1-27所示。

图1-27　检查液压油储液罐内油液是否充足

（2）拆下液压总缸放气螺塞盖，如图1-28所示。

图1-28　拆下放气螺塞盖

（3）将塑料软管连接至放气螺塞，如图1-29所示。

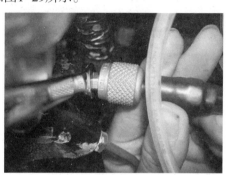

图1-29　将塑料软管连接至放气螺塞

（4）连续踩下离合器踏板数次，并在踩下离合器踏板时松开放气螺塞，如图1-30和图1-31所示。

图1-30　连续踩下离合器踏板数次后，保持踩下离合器踏板状态

图1-31　松开放气螺塞，直至液压油外流后再拧紧放气螺塞

（5）离合器液压油有流出时（流出的液压油不含气泡），先拧紧放气螺塞，然后松开离合器踏板。

（6）重复（4）（5）步骤操作，直至离合器液压油中的空气放出。

（7）拧紧放气螺塞。

（8）检查并确认离合器管路中的空气已完全放出。

（9）检查储液罐中的液压油液位，如图1-32所示，如果液压油不足，需及时添加。

图1-32　检查储液罐中的液压油液位

注意

（1）在做离合器分离点检查时，维修人员应与汽车保持安全距离，车前车后不准站人；

（2）液压油对油漆有腐蚀效果，如果液压油接触到车身任何油漆表面，请立即清洗；

（3）活塞、油封、橡皮盖如不换新，则应小心，不可损伤；

（4）所用螺栓拧紧力矩应符合要求，防止用力过大导致螺纹损坏；

（5）测量时，保证金属直尺和底板垂直；

（6）放空气时，应有容器收集排放出的液压油；

（7）零件表面、工具、操作台、场地、举升机要清洁，在操作时两人配合应默契，可以按喇叭为信号。

知识链接

常见车型制动液更换周期见表1-1。

常见车型制动液更换周期　　　　　　　表1-1

车　　型	更换周期
丰田卡罗拉	40000km
别克凯越	2年或40000km
大众	2年或40000km
东风风行	2年或40000km

项目二

手动变速器齿轮润滑油的检查与更换

 知识点

1. 了解检查、更换变速器齿轮润滑油的重要性；
2. 掌握检查、更换变速器齿轮润滑油的方法。

 技能点

1. 了解检查变速器齿轮润滑油的方法；
2. 了解更换变速器齿轮润滑油的方法。

 参考学时及教学组织安排

本项目总学时为6学时，其中：理论教学为1学时，示范为1学时，学生练习为4学时。

理论教学采用多媒体辅助教学并结合实物讲解，使学生掌握卡罗拉系列汽车5挡手动变速器的组成和工作原理。

实践教学采用项目教学法，根据实训设备的台（套）数，组织安排学生分组进行检查、更换变速器齿轮润滑油的项目教学。教学中，教师讲解并示范操作步骤和注意事项，适时下达操作指令并进行工位间巡查、指导和纠正错误。

项目实施所需设备、器材

卡罗拉1.8L乘用车

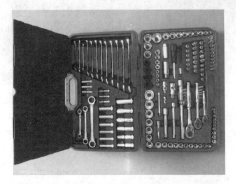

工具一套

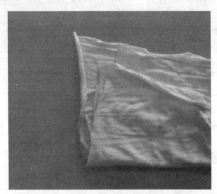

抹布

变速器齿轮润滑油

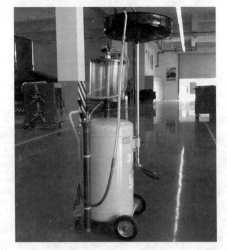

回收桶

任务 1 手动变速器的认知

一 手动变速器的功用

手动变速器的作用是改变汽车传动比，扩大驱动轮转矩和转速的变化范围，以适应经常变化的行驶条件，同时使发动机在有利（功率较高而油耗较低）的工况下工作；在发动机旋转方向不变情况下，使汽车能倒车行驶；利用空挡，中断动力传递，以便发动机能够起动处于怠速状态，并便于变速器换挡或进行动力输出。手动变速器的安装位置如图2-1所示。

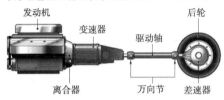

图2-1 变速器的安装位置

二 手动变速器的变速原理

一对直径不同、齿数不同的齿轮啮合传动时，可以实现变速变矩。假如大齿轮的齿数是小齿轮的2倍，在相同的时间内小齿轮转过2圈，大齿轮转过1圈，其转速下降1倍，转矩增大1倍。这就是齿轮传动的变速变矩原理（图2-2）。汽车变速器就是根据这一原理，利用多对直径不同、齿数不同的齿轮副啮合传动来实现变速变矩的。

三 手动变速器的基本构造

手动变速器包括变速传动机构和操纵机构两部分。变速传动机构的主要作用是改变转速和转矩的数值及方向；操纵机构的作用是实现传动比的变换（换挡）。

1 变速传动机构

变速传动机构安装在变速器壳体内，有二轴式和三轴式，有输入轴、输出轴、倒挡轴（三轴式还有中间轴）及各轴上的齿轮、轴承及同步器等组成。通过移动同步器中的接合套或滑动齿套，实现挡位变换（图2-3）。

2 操纵机构

操纵机构一般安装在变速器盖上，由变速杆、拨叉轴、拨叉等组成，如图2-4所示。移动变速杆，拨叉便可带动接合套或滑动齿套前后移动，实现换挡。为了保证变速器正常工作，操纵机构中设置了自锁、互锁及倒挡锁等锁止装置。自锁装置有防止自动换挡、脱挡作用，采用自锁钢球和自锁弹簧对拨叉轴进行轴向定位锁止，结构如图2-5所示。在变速器盖中钻有3个深孔，孔中装入自锁钢球和自锁弹簧，其位置正处于拨叉轴的正上方，每根拨叉轴对着钢球的表面开有3个凹槽，槽的深度小于钢球半径。凹槽正对钢球时，钢球在自锁弹簧的作用力下压入凹槽，拨叉轴的轴向位置被固定，不能自行挂挡或脱挡。

图2-2 基本变速原理

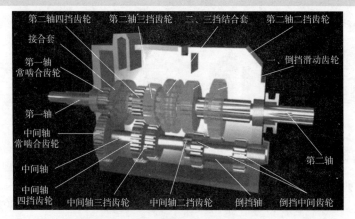

图2-3 变速传动机构（三轴式变速器）

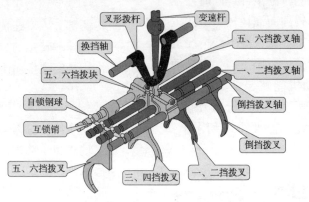

图2-4 变速器操纵机构

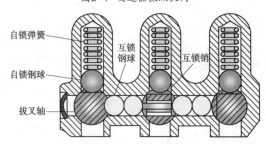

图2-5 变速器自锁机构

互锁装置能保证变速器不会同时换入两个挡位，由互锁钢球和互锁销组成，结构如图2-6所示。3根拨叉轴的同一水平位置均有凹槽，深度小于钢球半径。当移动中间拨叉轴时，互锁钢球被挤向两侧，嵌入上拨叉轴侧面的凹槽和下拨叉轴侧面的凹槽，上下两根拨叉轴被固定。同理，下拨叉轴移动时，上、中两根拨叉轴被固定，确保每次只能挂一个挡位。

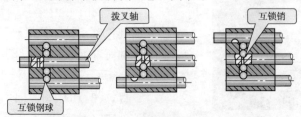

图2-6 变速器互锁机构

倒挡锁装置能防止误换倒挡，结构如图2-7所示，当驾驶员想挂倒挡，必须用较大的力压缩变速杆下端的倒挡锁弹簧，将锁销推入锁销孔内，才能挂入倒挡。由此可见，倒挡锁让驾驶员对变速杆施加更大的力，才能正确挂入倒挡，起到警示作用，防止误挂倒挡。

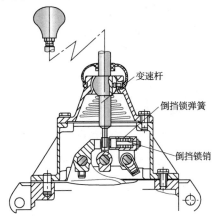

图2-7 变速器倒挡锁止机构

四、三轴式变速器

东风EQ1092汽车使用的变速器是三轴式变速器。三轴式变速器用于发动机前置后轮驱动，一般用于轿车以外的各种车型。第一轴为输入轴，第二轴输出轴，第三轴中间轴，除此三轴之外，还有壳体、倒挡轴以及各轴上的齿轮等几部分组成，如图2-8所示。该变速器的变速传动机构有5个前进挡和一个倒挡。

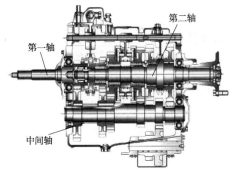

图2-8 三轴式变速器结构

各挡位的齿轮机构及动力传递路线如图2-9~图2-14所示。

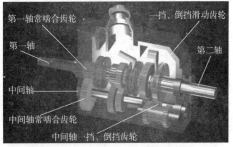

图2-9 一挡动力传递示意图

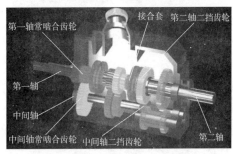

图2-10 二挡动力传递示意图

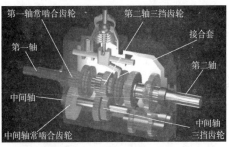

图2-11 三挡动力传递示意图

图2-12 四挡动力传递示意图

图2-13 五挡动力传递示意图

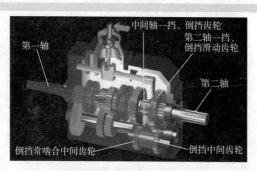

图2-14 倒挡动力传递示意图

① 一挡

左移一挡、倒挡滑动齿轮，与中间轴上一挡、倒挡齿轮啮合，动力传输路线：第一轴常啮合齿轮→中间轴常啮合齿轮→中间轴一挡、倒挡齿轮→第二轴一挡、倒挡齿轮→第二轴输出轴。

② 二挡

右移接合套与第二轴二挡齿轮上的齿圈啮合。动力→第一轴常啮齿轮→中间轴常啮齿轮→中间轴二挡齿轮→第二轴二挡齿轮→二挡同步器接合套→第二轴花键毂→第二轴输出。

③ 三挡

左移接合套与第二轴三挡齿轮上的齿圈啮合。动力传输路线：第一轴常啮齿轮→中间轴常啮合齿轮→中间轴三挡齿轮→第二轴三挡齿轮→三挡同步器接合套→第二轴花键毂→第二轴输出。

④ 四挡

右移接合套与第二轴四挡齿轮上的齿圈啮合。动力传输路线：第一轴常啮齿轮→中间轴常啮齿轮→中间轴四挡齿轮→第二轴四挡齿轮→四挡同步器接合套→第二轴花键毂→第二轴输出。

⑤ 五挡

左移接合套与第一轴常啮合齿轮啮合，动力传输路线：直接由第一轴传到第二轴。第二轴的转速与第一轴相同，传动比为1∶1，称为直接挡。

⑥ 倒挡

右移一挡、倒挡滑动齿轮，与倒挡轴上倒挡齿轮啮合，动力→第一轴常啮齿轮→中间轴常啮合齿轮→中间轴一挡、倒挡齿轮→倒挡轴上倒挡中间齿轮→第二轴一、倒挡齿轮→第二轴逆时针旋转输出，汽车倒车行驶。

五 二轴式变速器

图2-15是桑塔纳2000 GSi型轿车手动变速器的结构图。桑塔纳2000、3000手动型轿车均采用此变速器。该变速器由传动机构、操纵机构、变速器壳体等部分组成。普通桑塔纳轿车采用四挡变速器。

各挡位的齿轮机构及动力传递路线如图2-16~图2-19所示。

① 一挡

一挡、二挡齿轮拨叉从空挡向右移动，与一挡、二挡齿轮啮合，动力→主动轴→主动轴一挡齿轮→从动轴一挡齿轮→从动轴一挡、二挡同步器→从动轴→动力输出。

② 二挡

传递路线与一挡类似，一挡、二挡齿轮拨叉从空挡向左移动，与一挡、二挡齿轮啮合，动力→主动轴→主动轴二挡齿轮→从动轴二挡齿轮→从动轴一挡、二挡同步器→从动轴→动力输出。

③ 三挡

三挡、四挡齿轮拨叉从空挡向右移动，与三挡、四挡齿轮啮合，动力→主动轴→主动轴三挡齿轮→从动轴三挡齿轮→从动轴三挡、四挡同步器→从动轴→动力输出。

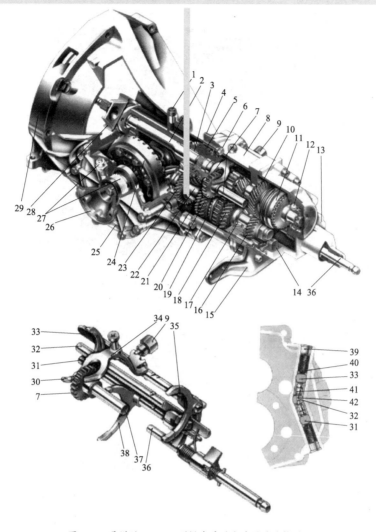

图2-15 桑塔纳2000 GSi型轿车手动变速器的结构图

1-通气塞；2-主动轴（含一／二挡齿轮）；3-滚针轴承；4-主动轴四挡齿轮；5-三／四挡同步器；6-主动轴三挡齿轮；7-倒挡齿轮组；8-轴承座壳体；9-倒挡拨叉定位销；10-主动轴五挡齿轮；11-五挡同步器；12-球轴承；13-后盖总成；14-异形磁铁；15-后支架；16-传动轴五挡齿轮；17-双列圆锥滚子轴承；18-从动轴一挡齿轮；19-一／二挡同步器；20-传动轴二挡齿轮；21-传动轴三挡齿轮；22-传动轴（带主动锥齿轮）；23-从动轴四挡齿轮；24-差速器组件（带从动锥齿轮）；25-差速器盖；26-凸缘轴；27-车速里程表传动齿轮组件；28-离合器分离板；29-变速器壳体；30-三／四挡换挡拨叉；31-一／二挡拨叉轴；32-三／四挡拨叉轴；33-五／倒挡拨叉轴；34-倒挡换挡拨叉；35-五挡换挡拨叉；36-选挡轴；37-倒挡轴；38-一／二挡换挡拨叉；39-堵塞；40-定位销锁；41-大互锁销；42-小互锁销

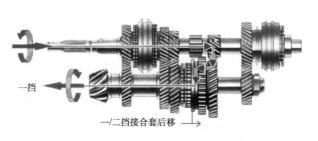

图2-16 一挡动力传递路线

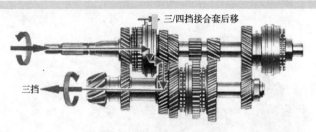

图2-17 三挡动力传递路线

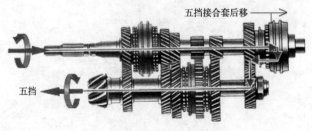

图2-18 五挡动力传递路线

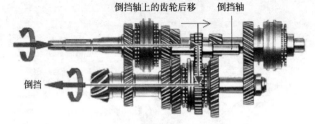

图2-19 倒挡动力传递路线

④ 四挡

传递路线与三挡类似，三挡、四挡齿轮拨叉从空挡向左移动，与三挡、四挡齿轮啮合，动力→主动轴→主动轴四挡齿轮→从动轴四挡齿轮→从动轴三挡、四挡同步器→从动轴→动力输出。

⑤ 五挡

倒挡齿轮拨叉从空挡向右移动，与五挡齿轮啮合，动力→主动轴→主动轴五挡齿轮→从动轴五挡齿轮→从动轴五挡同步器→从动轴→动力输出。

⑥ 倒挡

变速器操纵杆从空挡向左，向前移动，与倒挡齿轮啮合，动力→主动轴→主动轴倒挡齿轮→倒挡惰轮→倒挡从动齿轮→从动轴→动力反向输出。

六 同步器

当采用直齿滑动式或接合套式换挡时，必须在待啮合的一对齿轮或接合齿圈的圆周速度相等（即同步）的进入啮合，才能保证换挡时齿轮之间无冲击、无噪声，达到平顺换挡。为了达到这一要求，驾驶员在换挡时必须采取合理的换挡操作步骤。因此，现代汽车的手动变速器都采用了同步器换挡。

① 同步器的功用

同步器使接合套与待啮合的齿圈迅速同步，缩短换挡时间，且防止在同步前啮合而产生换挡冲击。

② 同步器的类型

目前所采用的同步器几乎都是摩擦式惯性同步器，按锁止装置不同，可分为锁环式惯性同步器和锁销式惯性同步器。

3 同步器的结构原理

1）锁环式惯性同步器

现代轿车及轻型客车上均普遍使用锁环式同步器，其结构如图2-20所示。

2）锁环式惯性同步器工作原理

以二挡换三挡为例，说明同步器的工作原理，如图2-21所示。

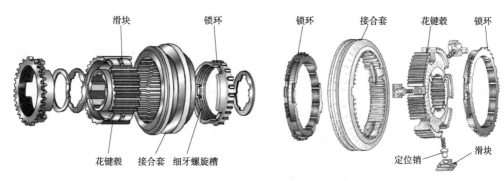

图2-20　锁环式惯性同步器结构

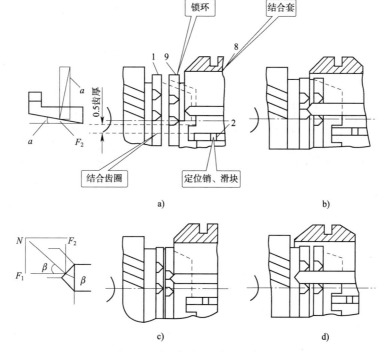

图2-21　锁环式惯性同步器工作原理

（1）空挡位置。接合套8刚从二挡退入空挡时，如图2-21a)所示，三挡齿轮1、接合套8、锁环9以及与其有关联的运动件，因惯性作用而沿原方向继续旋转（图示箭头方向）。由于齿轮1是高挡齿轮（相对于二挡齿轮来说），所以接合套8、锁环9的转速低于齿轮1的转速。

（2）挂挡。欲换入三挡时，驾驶员通过变速杆使拨叉3推动接合套8连同滑块2一起向左移动，如图2-16b)所示，滑块又推动锁环移向齿轮1，使锥面接触。驾驶员作用在接合套上的轴向推力，使两锥面有正压力N，又因两者有转速差，所以产生摩擦力矩。通过摩擦作用，齿轮1带动锁环相对于接合套向前转动一个角度，使锁环缺口靠在滑块的另一侧（上侧）为止，此时接合套的内齿与锁环上错开了约半个齿宽，接合套的齿端倒角面与锁环的齿端倒角面互相抵住。

（3）锁止。驾驶员的轴向推力使接合套的齿端倒角面与锁环的齿端倒角面之间产生正压力形成一个企图拨动锁环相对于接合套反转的力矩，称为拨环力矩。这样在锁环上同时作用着方向相反的摩擦力矩和拨环力矩，同步器的结构参数可以保证在同步前（存在摩擦力矩）拨环力矩始终小于摩擦力矩，所以在同步之前无论驾驶员施加多大的操纵力，都不会挂上挡，即产生锁止作用，如图2-16b)所示。

（4）同步啮合。随着驾驶员施加于接合套上的推力加大，摩擦力矩不断增加，使齿轮1的转速迅速降低。当齿轮1、接合套8和锁环9达到同步时，作用在锁环上的摩擦力矩消失。在拨环力矩的作用下，锁环9、齿轮1以及与之相连的各零件都对于接合套反转一角度，滑块2处于锁环缺口的中央如图2-21c)所示，键齿不再抵触，锁环的锁止作用消除。接合套压下弹簧圈继续左移（滑块脱离接合套的内环槽而不能左移），与锁环的花键齿圈进入啮合。进而再与齿轮1进入啮合，如图2-21d)，换入三挡。

3）锁销式惯性同步器

现代大、中型货车采用锁销式惯性同步器，其结构如图2-22所示。

 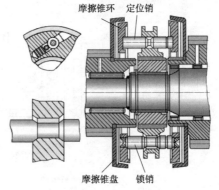

图2-22 锁销式惯性同步器结构

4）工作原理

锁销式惯性同步器的工作原理与锁环式惯性同步器类似。换挡时接合套受到拨叉的轴向推力作用，推动摩擦锥环向前移动。因摩擦锥环与锥盘有转速差，故接触后的摩擦作用使锥环和锁销相对于接合套转过一个角度，锁销与接合套上相应孔的中心线不再同心，锁销中部倒角与接合套孔端倒角的锥面相抵触，在同步前，作用在摩擦面的摩擦力矩总大于拨销力矩，接合套被锁止不能前移，防止在同步前接合套与齿圈进入啮合。

同步后摩擦力矩消失，拨销力矩使锁销、锥环、摩擦锥盘和相应的齿轮相对于接合套转过一个角度，锁销与接合套的相应孔对中，接合套克服弹簧的张力压下钢球并沿锁销向前移动，完成换挡。

任务 2 　手动变速器齿轮润滑油的检查与更换

一　准备阶段

（1）车辆进入工位前，学生将工位清理干净，排除障碍物，准备好相关的工具、物品、耗材等。

（2）将车辆停放在举升机的中央位置，1号学生拉紧驻车制动器操纵手柄，并将变速杆置于空挡，如图2-23所示。

图2-23　拉紧驻车制动器操纵手柄

（3）2号学生分别将转向盘套、变速杆套、座椅套、底板垫递给1号学生进行安装、铺设。

二　手动变速器齿轮润滑油的检查

（1）2号学生操纵举升机将车辆举升到适当高度并可靠锁止提升臂（图2-24）。

图2-24　将车辆举升到适当高度

（2）2号学生将12号专用接头和棘轮扳手传递给1号学生，如图2-25所示。

图2-25　2号学生将工具传递给1号学生

（3）1号学生使用12号专用接头和棘轮扳手拧松变速器加油塞。然后，2号学生接收工具并摆放到工具车上，如图2-26所示。

图2-26　拧松变速器加油塞

注意

禁止使用已严重磨损的工具拆卸加油塞。否则容易造成滑方，给拆卸带来更大困难。

（4）1号学生用手旋下加油塞并传递给2号学生，如图2-27所示。

图2-27　旋下加油塞

（5）2号学生将加油塞放到零件车上。

（6）1号学生查看变速器内润滑油液面位置，如果润滑油液位低，检测变速器润滑油是否有泄漏。

注意

为了看清润滑油液面位置，可以用灯光照明。变速器润滑油液面应位于加油口下边缘0~5mm范围内，如果变速器润滑油液面高度正常，则将加油塞按照规定力矩拧紧。

三　手动变速器漏润滑油的检查

（1）1号学生检查变速器内换挡杆油封处是否漏油。

注意

①内换挡杆操纵换挡拨叉，实现变速器挡位变换。变速器后端盖上安装有橡胶油封，保证变速器与内换挡杆之间可靠密封，防止变速器润滑油泄漏。

②如果内换挡杆油封处存在漏油，应更换内换挡杆油封。

（2）1号学生检查变速器壳体接合处是否漏油，如图2-28所示。

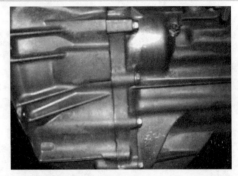

图2-28　检查变速器壳体接合处是否漏油

注意

如果变速器壳体接合处存在漏油，应更换壳体结合处衬垫。

（3）1号学生检查变速器前油封处是否漏油，如图2-29所示。

图2-29　检查前油封处是否漏油

注意

如果变速器前油封处存在漏油，应更换前油封。

（4）1号学生检查两侧半轴油封处是否存在漏油，如图2-30所示。

图2-30　检查半轴油封处是否漏油

注意

如果半轴油封处存在漏油，应更换半轴油封。

四 更换手动变速器齿轮润滑油

（1）2号学生操纵举升机，将车辆举升到轮胎最低点距离地面约20cm的高度，并可靠锁止提升臂，如图2-31所示。

图2-31 将车辆举升到适当位置

（2）1号学生进入驾驶室，打开点火开关并起动发动机，保持发动机怠速运转，如图2-32所示。

图2-32 起动发动机，保持发动机怠速运转

（3）1号学生操纵变速杆，将变速器挂入1挡，保持车辆带挡运行状态。2~3min后，将变速器挂入空挡，并关闭点火开关，停止发动机运转，如图2-33所示。

图2-33 变速器挂1挡运行

 注意

① 车辆带挡短时间空载运行，目的是提高变速器润滑油温度，降低变速器润滑油黏度，有利于彻底放油，减少变速器内残余油量。

② 寒冷季节，预热变速器润滑油尤为重要。

（4）2号学生操纵举升机，将车辆再次举升适当高度后，可靠锁止提升臂，如图2-34所示。

图2-34 举升到适当高度

（5）2号学生将回收油桶推至变速器下方，并正对放油塞，如图2-35所示。

图2-35 把回收油桶推到放油塞下方

（6）1号学生使用2号学生传递过来的12号专用接头和棘轮扳手，拧松变速器放油塞和加油塞，如图2-36所示。

图2-36　拧开放油塞

（7）2号学生接收工具，擦拭后摆放到零件车上，如图2-37所示。

图2-37　回收工具

（8）1号学生用手旋下变速器放油塞，并传递给2号学生，如图2-38所示。

图2-38　旋下放油塞

旋下放油塞时，注意感觉剩余螺纹多少，当感知剩余1~2圈螺纹时，转动并同时上推放油塞，螺纹全部旋出后，快速移开放油塞，油液急速流入回收桶。如此操作，可以防止油液流到操作人员手上和身上。

（9）待变速器放油口处油液不再滴落时，1号学生用手旋上放油塞。

（10）2号学生将回收桶移至规定位置。

（11）1号学生使用2号学生传递过来的12号专用接头和棘轮扳手，将放油塞拧紧到规定力矩（39N·m），如图2-39所示。

图2-39　拧紧放油塞

放油塞拧紧力矩要符合规定要求，若力矩过大，造成放油塞滑丝，若力矩过小，导致放油塞处漏油。

（12）2号学生接收工具，擦拭后摆放到零件车上。之后，将加油车推移至变速器下方。

（13）1号学生将加油管插入变速器加油口中。

（14）2号学生反复按压加油机加压手柄，将手动变速器润滑油注入变速器中。

（15）1号学生观察变速器加油口，如有油液溢出，告知2号学生停止加油。

在加油口下方放置棉纱，防止润滑油滴落到地面上。

（16）2号学生接收加油管，将加油机移至规定位置。

（17）1号学生用手将加油塞旋入变速器加油口螺纹孔内，如图2-40所示。

图2-40　把加油塞旋紧

（18）2号学生将12号专用接头和棘轮扳手，传递给1号学生。

（19）1号学生使用12号专用接头和棘轮扳手将加油塞拧紧至规定力矩（39N·m），如图2-41所示。

图2-41　拧紧加油塞

（20）2号学生接收工具，擦拭后摆放到零件车上，1号学生使用棉纱擦净加油塞周围油迹，如图2-42所示。

图2-42　擦拭油迹

（21）2号学生操纵举升机，将车辆降到轮胎最低点距离地面约20cm的高度，并可靠锁止提升臂。

（22）1号学生进入驾驶室，打开点火开关并起动发动机，操纵变速杆，变换挡位，保持车辆带挡运行状态。3~5min后，将变速器挂入空挡，并关闭点火开关，停止发动机运转，如图2-43所示。

图2-43　带挡运行车辆

车辆带挡运行，一是检验变速器换挡性能，二是提高变速器润滑油温度，便于检查是否漏油。

（23）2号学生操纵举升机，将车辆举升适当高度后，可靠锁止提升臂。

（24）1号学生检查变速器的放油塞和加油塞处是否有润滑泄漏，如图2-44所示。

图2-44　检查变速器润滑油是否泄漏

项目二　手动变速器齿轮润滑油的检查与更换

（25）2号学生操纵举升机，将车辆降落到地面上。

五 整理工位

1号学生和2号学生共同拆除护裙与驾驶室内保护罩；清理工具与量具；清洁地面卫生。

 知识链接：手动变速器油的选用

　　车辆手动变速器齿轮润滑油的选用，一方面要根据齿轮的类型、负荷的大小、滑动速度的高低分别选用不同质量级别的油品；另一方面应根据使用的最低和最高操作温度来确定油品的黏度级别。

　　（1）质量级别的选择。手动变速器齿轮润滑油的质量级别是影响市场价格的决定因素，选用手动变速器齿轮润滑油，首先要看质量级别标识。一般来说，进口车辆中的重负荷车辆必须使用手动变速器齿轮润滑油GL-5，中负荷车辆采用手动变速器齿轮润滑油GL-4。采用双曲线齿轮驱动桥的国产汽车，可以用GL-4或GL-5手动变速器齿轮润滑油。采用螺旋伞齿轮和圆柱齿轮驱动桥的国产汽车可以用GL-3、普通车辆手动变速器齿轮润滑油或GL-4手动变速器齿轮润滑油。

　　（2）黏度等级的选择。应当根据季节选择齿轮油的标号(黏度级)，汽车手动变速器齿轮润滑油黏度级别的选择，是根据使用的最低和最高操作温度及车辆的实际情况而定。手动变速器齿轮润滑油的标号75W、80W、85W、90W和140W分别适用于最低气温为-40℃、-20℃、-12℃、-10℃、10℃的地区，应对照当地冬季最低气温适当选用。一般说来，气温低、负荷小，可选用黏度较小的齿轮润滑油；反之，气温较高、负荷较重的车辆，需选用黏度较大的齿轮润滑油。

项目三

自动变速器的基础检查

 知识点

1. 掌握汽车自动变速器的类型以及基本结构；
2. 掌握自动变速器变速杆及空挡起动开关的检查方法；
3. 掌握自动变速器润滑油的重要性及检查方法。

 技能点

1. 能正确、熟练进行自动变速器变速杆及空挡起动开关的检查；
2. 能正确、熟练进行自动变速器润滑油的检查。

 参考学时及教学组织安排

本项目总学时为18学时，其中理论教学为3学时，示范学时为4学时，学生练习为11学时。

本项目可以采用任务驱动教学法进行教学。理论教学采用多媒体辅助教学，并结合自动变速器实物讲解，使学生掌握自动变速器的结构、组成与工作原理。

实践教学时，老师可以现场示范，也可以利用视频进行示范。根据实训设备的台套数，学生分组进行。老师适时讲解并进行工位间巡视、检查、指导和纠正错误。

项目实施所需设备、器材

01N自动变速器

棘轮扳手、接杆和13号套筒（拆卸第二轴固定螺栓）

丰田卡罗拉轿车

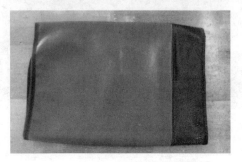

前格栅布

棘轮扳手、接杆和TX40内六角（拆卸控制阀）

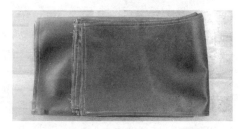

翼子板布

棘轮扳手、接杆和TX45内六角（拆卸油泵）

车内4件套

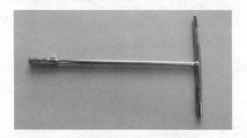

12号T形套筒（拆卸油底壳、后端盖）

任务 1 自动变速器的认知

一、自动变速器的类型

1. 按变速方式分类

变速器分为有级自动变速器和无级自动变速器。

（1）有级自动变速器如图3-1所示。

图3-1 有级自动变速器（雷克萨斯A761E）

有级自动变速器主要是通过行星齿轮机构的主动件、从动件以及固定件的变化，而具有有限几个定值传动比（一般有3～5个前进挡和1个倒挡）的变速器，如图3-2所示。

与传统的手动变速器相比，有级自动变速器具有以下优点：

① 提高发动机和传动系统的使用寿命；

② 操作简单、省力，提高了运行安全性和乘坐平稳性；

③ 提高了汽车的适应性能和动力性能；

④ 提高了汽车的通过性；

⑤ 使发动机处于最佳工作状态有利于控制汽车排放污染。

（2）无级自动变速器如图3-3所示。

无级自动变速器是通过主动链轮、从动链轮半径的变化，实现传动比的连续改变，如图3-4所示。例如，某无级变速器的传动比可以从3.455一直变化到0.85。

由于传动比的连续改变，装有CVT的车辆在行驶中感觉不到换挡冲击，这就使车速变化更为平稳（图3-4），不会出现

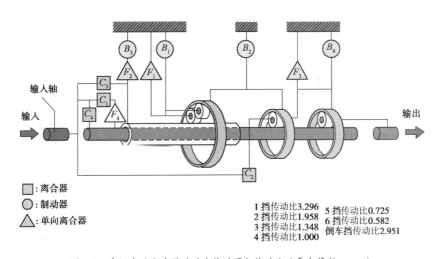

图3-2 有级自动变速器的动力传动图与传动比（雷克萨斯A761E）

传统自动变速器换挡时那种顿挫感。此外，CVT还有质量小、体积小、零件少的特点，加上这种传动形式功率损耗小，这样就为车辆带来省油的好处。

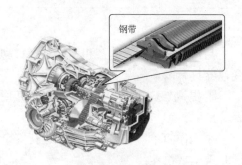

图3-3　无级自动变速器的变速机构

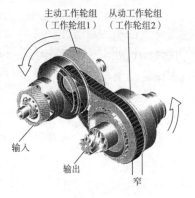

低速时，其传动比大

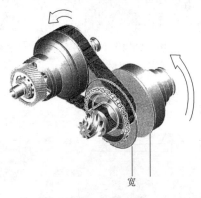

高速时，其传动比小

图3-4　无级自动变速器传动比连贯改变示意图

② 按汽车驱动方式分类

变速器分为后驱动自动变速器和前驱动自动变速器。

（1）后驱动自动变速器。后驱动自动变速器的变矩器和齿轮变速器的输入轴及输出轴在同一轴线上，如图3-5和图3-6所示。发动机的动力经变矩器、自动变速器、传动轴、后驱动桥的主减速器、差速器和半轴传给左右两个后轮。

图3-5　解剖的后驱动自动变速器

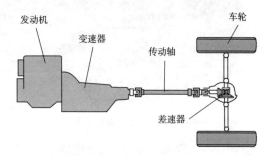

图3-6　后轮驱动传动系统

（2）前驱动自动变速器。前驱动自动变速器除了具有与后驱动自动变速器相同的组成部分外，在自动变速器的壳体内还装有差速器，如图3-7和图3-8所示。

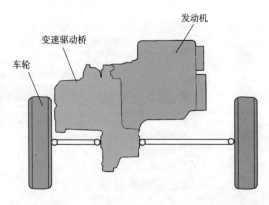

图3-7　前轮驱动传动系统

图3-8 解剖的前驱动自动变速器

3. 按控制方式分类

变速器分为液力控制自动变速器和电子控制自动变速器。

在液力控制自动变速器中，节气门开度阀把发动机负荷大小转换成相应的油压，并且把该油压作用于换挡阀的一端；调速器把汽车车速高低转换成相应的油压，并且把该油压作用于换挡阀的另一端，换挡阀两端的油压比较大小后，决定换挡阀的位置状态，从而决定变速器的升降挡，如图3-9所示。其信号采集和控制方式都采用机械和液压的方法。

在电子控制自动变速器中，换挡的最主要信号仍然是发动机负荷和汽车车速两个信号，但是反映发动机负荷大小的是节气门位置传感器信号，反映汽车车速的是车速传感器信号。传感器把采集的信号转换成电量传送给自动变速器电控系统，自动变速器电控系统接受信息后，与存储在内部的程序加以比较，并给执行换挡的电磁阀发出通、断点的指令，实现升降挡位的变化，如图3-10所示。在电控的自动变速器中，信号的采集应用了电子传感器，而控制方法依靠自动变速器电控系统（ECU）。

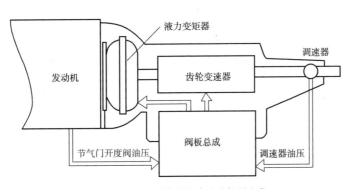

图3-9 液压控制自动变速器的控制方式

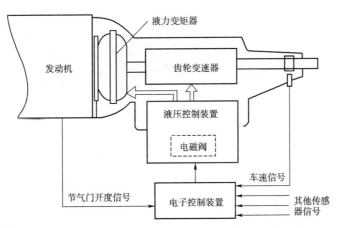

图3-10 电子控制自动变速器的控制方式

二 行星齿轮式自动变速器的组成

行星齿轮式自动变速器由液力变矩器、行星齿轮变速器（行星齿轮变速机构和换挡执行元件）、电子控制系统、液压控制系统以及油冷却滤清装置等构成，如图3-11所示。

图3-11 行星齿轮式自动变速器的组成

三 行星齿轮式自动变速器的工作原理

通过传感器和开关信号监测汽车和发动机的运行状态，接受驾驶员的指令，并将发动机转速、节气门开度、车速、发动机冷却液温度、自动变速器液压油温度等参数转换成电信号输入到ECU。ECU根据这些信号，按照设定的换挡规律，向换挡电磁阀、油压电磁阀等发出控制信号；电磁阀控制液压换挡阀，使其打开或关闭通往换挡离合器和制动器的油路，从而控制换挡时刻和挡位的变换，以实现自动变速（图3-10）。

四 液力变矩器

1 液力变矩器的结构

液力变矩器安装在发动机和变速器之间，以液压油为工作介质，起传递转矩、变矩、变速及离合的作用，其外形和结构如图3-12、图3-13所示。

图3-12 液力变矩器

液力变矩器由可转动的泵轮、涡轮、固定不动的导轮以及锁止离合器等组成，如图3-13所示。

图3-13 液力变矩器内部结构图

2 液力变矩器的工作原理

将两个电风扇相对摆放，其中一个通电，在工作电风扇产生的空气流作用下，那个不通电的电风扇也发生了转动，实现了能量的传递，如图3-14所示。

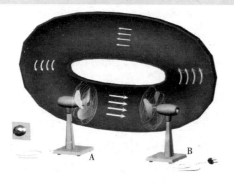

图3-14 液力变矩器工作原理图

同样的道理：泵轮与发动机曲轴相连，涡轮与变速器输入轴相连；泵轮和发动机一起旋转，会产生高速的液流；涡轮在液流的推动下，开始向相同的方向旋转。通过液流的"软连接"，实现了发动机工作产生的能量向变速器的传递。同时，导轮还起到增加涡轮的输出力矩的作用。

液力传递转矩最主要的问题就是损失动力，效率不高。解决这个问题的办法就是：二挡以上只要换挡完成之后，动力系统处于稳定工作状态时，用一个锁止离合器把泵轮和涡轮锁起来，液力变矩器相当于硬连接（图3-15），不但可以提升传递效率，而且还能降低因为液流扰动引起的发热。

图3-15 锁止离合器原理图

五 行星齿轮变速机构

目前大部分自动变速器都采用行星齿轮机构进行变速。行星齿轮机构可形成不同的传动比，组合成电控自动变速器不同的挡位。

最简单的行星齿轮机构是由一个太阳轮、一个齿圈、一个行星架和几个行星轮组成的，称为一个行星排。太阳轮、齿圈及行星架有一个共同的固定轴线，行星轮支承在固定于行星架的行星齿轮轴上，并同时与太阳轮和齿圈啮合。当行星齿轮机构运转时，空套在行星架上的几个行星轮，一方面可以绕自己的轴线旋转，另一方面又可以随行星架一起绕着太阳轮旋转，就像天上的行星运动一样，兼有自转和公转两种运动状态，行星齿轮也由此而得名。在行星排中，具有固定轴线的太阳轮、齿圈和行星架称为行星排的3个基本元件。

按照结构不同，行星齿轮机构可分为单排单级行星齿轮机构（图3-16）和单排双级行星齿轮机构（图3-17）。

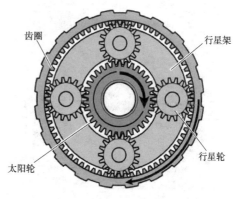

图3-16 单排单级行星齿轮机构

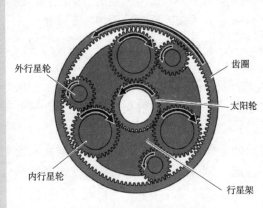

图3-17 单排双级行星齿轮机构

当单排行星齿轮机构工作时,将一个元件作为主动件,一个元件固定,另一个元件作为被动件,就可以得到不同传动比,见表3-1。

六 换挡执行元件

在自动变速器的换挡过程中,使传动比和旋转方向产生变化的元件称为换挡执行元件,分别是离合器、制动器和单向离合器。其中前两种需要液压控制,而单向离合器是机械结构。

简单行星齿轮机构工作状态　　　　　　表3-1

工作状态	太阳轮	行星架	齿圈	速度状态	旋转方向	传动比
1	主动	被动	固定	减速	同向	3:1
2	固定	被动	主动	减速	同向	3:2
3	主动	固定	被动	减速	反向	2:1
4	被动	固定	主动	增速	反向	1:2
5	固定	主动	被动	增速	同向	2:3
6	被动	主动	固定	增速	同向	1:3

1 离合器

离合器外形如图3-18所示,其内部是一些摩擦片和钢片交替地安装在离合器鼓内,如图3-19所示。其主要作用是连接轴和行星排的某个元件,或将行星排的某两个元件连在一起,成为一个整体转动。

图3-19 分解后的离合器

图3-18 离合器

2 制动器

制动器的作用是将行星排中的某一元件加以固定,使之不能转动。常见形式有:湿式片式制动器(图3-20)和带式制动器(图3-21)。湿式多片制动器内部结构与离合器相同;带式制动器是一种围绕在制动鼓外面可收拢的制动组件。

图3-20 湿式多片制动器

图3-23 楔块式单向离合器

七、电子控制系统

电子控制系统包括电子控制单元、各类传感器及执行器等。

电子控制单元（ECU）根据传感器检测所得节气门开度、车速、油温等运转参数，以及各种控制开关来的当前状态信号，经运算比较和分析后，按设定的程序向各个执行器发出指令，以操纵阀板总成中各种控制阀的工作，从而最终实现对自动变速器的控制，如图3-24所示。

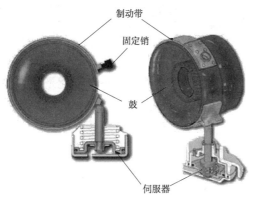

图3-21 带式制动器

3 单向离合器

单向离合器是依靠单向锁止原理来发挥固定或连接作用。常见形式有滚柱式（图3-22）和楔块式（图3-23）。

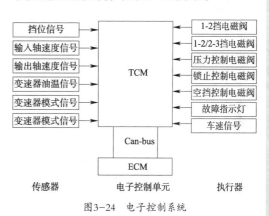

图3-24 电子控制系统

八、液压控制系统

液压系统由动力源、控制机构、执行机构三部分组成。

动力源是被液力变矩器驱动的油泵，如图3-25所示。控制机构包括主供油系统、换挡信号系统、换挡阀系统和缓冲安

图3-22 滚柱式单向离合器

全系统，如图3-26所示。执行机构包括各离合器、制动器的液压缸。

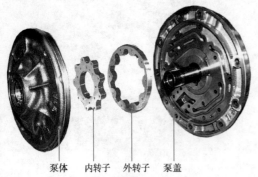

图3-25 油泵

图3-26 控制机构

九 油冷却滤清装置

自动变速器润滑油不仅具有润滑、清洗、冷却作用，还具有传递转矩和传递液压以控制离合器、制动器的工作性能，所以，自动变速器润滑油是一种特殊的高级润滑油。自动变速器在正常工作过程中，在润滑油冷却系统的作用下，能够保证油温在设计范围内，一般在50~80℃之间。润滑油冷却系统的结构如图3-27所示。

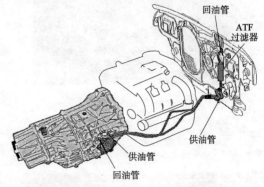

图3-27 自动变速器润滑油冷却系统

自动变速器润滑油冷却器就是发动机的散热器。自动变速器壳体和冷却器之间用冷却油管连接。自动变速器工作时，变速器润滑油在散热器芯内侧流动，空气在散热器芯外通过，热的变速器润滑油通过向空气中散热而变冷。

自动变速器润滑油和滤清器需要根据厂家规定的里程或时间进行定期检查和更换。不同厂家规定的维护里程不同，有的是4万km，有的是6万km，有的甚至达到12万km或者终身免更换。

任务 2 变速杆及空挡起动开关的检查

一、电控液力自动变速器挡位及挡位开关

1. 电控液力自动变速器挡位

电控液力自动变速器通常有4~7个挡位，以实现不同的换挡方式。
- 自动换挡模式。
- 手动换挡模式——驾驶员可以根据车辆驾驶实际需求通过换挡杆变换前进挡位。

（1）自动换挡模式，如图3-28所示。

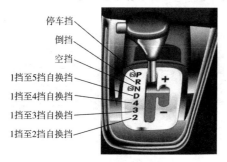

图3-28 自动换挡模式

（2）手动换挡模式，如图3-29所示。

图3-29 手动换挡模式

将换挡杆推入右侧换挡槽内：
向"+"号方向短促推移——换高一挡；
向"-"号方向短促推移——换低一挡。

2. 挡位开关

挡位开关位于自动变速器壳体外部（图3-30），其形状如图3-31所示。

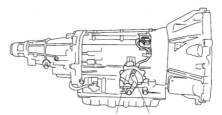

图3-30 挡位开关安装位置

图3-31 挡位开关

在挡位开关内部有起动控制电路、倒挡灯控制电路和挡位位置电路（图3-32），具有以下功能：

（1）向电控单元发送变速杆位置信号，控制变速器进行自动换挡。

（2）当变速杆不在P挡或N挡位置时，防止发动机起动。

（3）给组合仪表内的挡位指示器发送挡位信号。

（4）选择倒挡时，打开倒车灯。

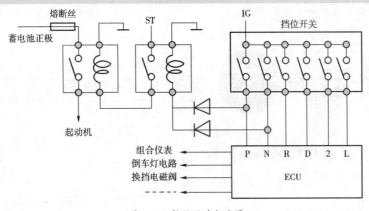

图3-32 挡位开关电路图

二、变速杆及空挡起动开关的检查

1 准备工作

（1）给车辆同一轴车轮安装车轮挡块，可以是前轮或后轮，如图3-33所示。

图3-33 安装车轮挡块

（2）安装车内4件套（图3-34）：变速杆套、转向盘套、座椅套、地板垫。

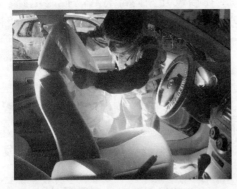

图3-34 安装车内4件套

2 自动变速器变速杆位置检查

（1）拉起驻车制动器操作手柄，如图3-35所示。

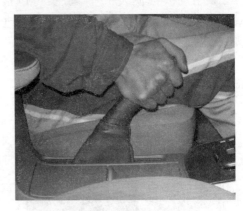

图3-35 拉起驻车制动器操作手柄

（2）踩下制动踏板，如图3-36所示。

图3-36 踩下制动踏板

（3）打开点火开关，但无须起动发动机，如图3-37所示。

图3-37 打开点火开关

（4）使自动变速器变速杆置于P挡，如图3-38所示；同时检查变速杆拨动是否平顺，检查变速杆能否到达正确的位置和定位；并观察仪表台P挡指示灯是否正常，如图3-39所示。

图3-38 变速杆置于P挡

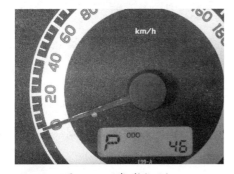

图3-39 观察P挡指示灯

注意

卡罗拉1.6GL AT不具备手动换挡模式。

（5）使用变速杆上的倒挡锁，使自动变速器变速杆置于R挡，如图3-40所示；同时检查变速杆拨动是否平顺，检查变速杆能否到达正确的位置和定位；并观察仪表台R挡指示灯是否正常，如图3-41所示。

图3-40 变速杆置于R挡

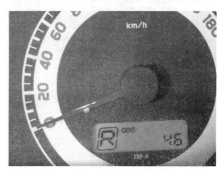

图3-41 观察R挡指示灯

（6）使自动变速器变速杆置于N挡，如图3-42所示；同时检查变速杆拨动是否平顺，检查变速杆能否到达正确的位置和定位；并观察仪表台N挡指示灯是否正常，如图3-43所示。

图3-42 变速杆置于N挡

图3-43 观察N挡指示灯

（7）使自动变速器变速杆置于D挡，如图3-44所示；同时检查变速杆拨动是否平顺，检查变速杆能否到达正确的位置和定位；并观察仪表台D挡指示灯是否正常，如图3-45所示。

图3-44　变速杆置于D挡

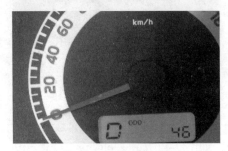

图3-45　观察D挡指示灯

（8）使自动变速器变速杆置于2挡，如图3-46所示；同时检查变速杆拨动是否平顺，检查变速杆能否到达正确的位置和定位；并观察仪表台2挡指示灯是否正常，如图3-47所示。

图3-46　变速杆置于2挡

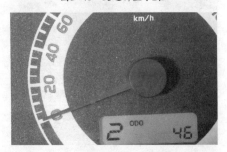

图3-47　观察2挡指示灯

（9）使自动变速器变速杆置于L挡，如图3-48所示；同时检查变速杆拨动是否平顺，检查变速杆能否到达正确的位置和定位；并观察仪表台L挡指示灯是否正常，如图3-49所示。

图3-48　变速杆置于L挡

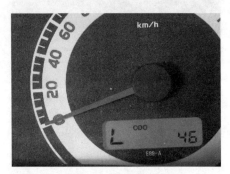

图3-49　观察L挡指示灯

3　空挡起动开关的检查

（1）使自动变速器变速杆置于P挡，如图3-38所示。

（2）将点火开关拨至起动位置，起动发动机，如图3-50所示；观察发动机能否正常起动，如图3-51所示。

图3-50　起动发动机

图3-51 观察发动机能否正常起动

（3）关闭点火开关，发动机熄火。

（4）使自动变速器变速杆置于N位，如图3-42所示；将点火开关拨至起动位置，起动发动机；观察发动机能否正常起动。

（5）关闭点火开关，使发动机熄火。

（6）使自动变速器变速杆分别置于R、3-D、2、L挡，将点火开关拨至起动位置，起动发动机；发动机应无法正常起动。

4 清洁、整理工作

清洁车身内部。

 知识链接

1 无级自动变速器（CVT）

1）CVT简介

CVT是Continuously Variable Transmission的缩写，按照英语直译过来就是连续可变传动的意思，因此CVT变速器也称为无级变速器。它与有级变速器的区别在于，它的变速比不是间断的点，而是一系列连续的值，即没有明确具体的挡位。从而实现了良好的经济性、动力性和驾驶平顺性，而且降低了排放和成本，如图3-52所示。

图3-52 CVT解剖图

2）CVT变速器的工作原理

不同于普通自动变速器，传统的齿轮在CVT变速器内被一对滑轮和一条钢制带所取代，每个滑轮其实是由两个椎形盘组成的V形结构，发动机主轴连接小滑轮，透过钢制皮带带动大滑轮。而其工作原理则是：锥形盘可在液压的推力作用下收紧或张开，挤压钢片链条以此来调节V形槽的宽度，当锥形盘向内侧移动收紧时，钢片链条在锥盘的挤压下向圆心以外的方向（离心方向）运动，相反会向圆心以内运动。这样，钢片链条带动的圆盘直径增大，传动比也就发生了变化，如图3-53所示。

3）CVT变速器的优点

（1）由于没有了一般自动挡变速器的传动齿轮，也就没有了自动挡变速器的换挡过程，由此带来的换挡顿挫感也随之消失，因此CVT变速器的动力输出是线性的，在实际驾驶变速过程中动力传递非常平顺。

（2）CVT的传动系统理论上挡位可以无限多，挡位设定更为自由，传统传动系统中的齿轮比、速比以及性能、耗油、废气排放的平衡，都更容易达到。

（3）CVT传动的机械效率大大优于普通的自动挡变速器，燃油经济性要好很多仅次于手动挡变速器。

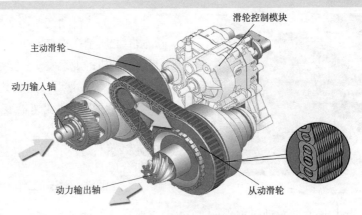

图3-53 CVT工作原理图

② 双离合器自动变速器（DSG）

1）DSG简介

DSG是Direct Shift Gearbox的缩写，中文表面意思为"直接换挡变速器"，也称为双离合器变速器（以下简称DSG）。DSG是目前世界上最先进的、具有革命性的变速器系统，大众汽车在2002年于德国沃尔夫斯堡首次向世界展示了这一技术创新。

DSG变速器与传统自动变速器有着明显的区别，巧妙地把手动变速器的灵活性和传统自动变速器的方便性结合在一起。横置变速器设计的突出特点就是由液压控制的湿式双离合器系统。其中的离合器1负责控制奇数齿轮和倒挡齿轮，离合器2负责控制偶数齿轮。实际上这是由两个平行的变速器配合组成的一个变速器，如图3-54所示。精密的离合器动作带来的结果，就是换挡时对牵引力几乎没有影响。因此，能够产生无与伦比的动力转换，同时感觉顺畅并且非常舒适。

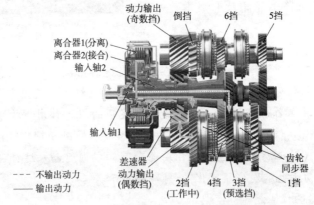

图3-54 DSG双离合自动变速器的结构

2）DSG双离合器自动变速器的优点

（1）双离合器自动变速器结合了手动变速器和自动变速器的优点，没有使用变矩器，转而采用两套离合器，通过两套离合器的相互交替工作，来到达无间隙换挡的效果。

（2）因为没有了液力变矩器，所以发动机的动力可以完全发挥出来，同时两组离合器相互交替工作，使得换挡时间极短，发动机的动力断层也就非常有限。

（3）由于换挡更直接、动力损失更小，所以，其燃油消耗可以降低10%以上。

任务 3 自动变速器润滑油的检查

一 自动变速器润滑油（ATF）

1 自动变速器润滑油（ATF）的作用

自动变速器润滑油（ATF）是自动变速器中不可缺少的液体，具体作用见表3-2。

未使用的自动变速器润滑油颜色呈红色，如图3-55所示。

2 自动变速器油（ATF）的使用

（1）使用原厂规定或推荐的自动变速器油（ATF）。自动变速器油由于来源不同，大致可分为石油基自动变速器润滑油和合成自动变速器润滑油两大类型，详细分类见表3-3。

图3-55 自动变速器润滑油的颜色

自动变速器润滑油的作用　　　　　　　　表3-2

自动变速器润滑油作用	三大作用	液力传动介质
		自动控制液压油
		润滑运动部件
	三小作用	冷却工作零部件
		清洁摩擦副
		密封配合副

自动变速器润滑油的类型　　　　　　　　表3-3

ATF来源	汽车公司	具体厂商	具体品牌	添加剂成分
石油基ATF	美国汽车公司	通用	DEXRON^R	含有摩擦改良剂
		福特	MERCON^R	
			F型	不含有摩擦改良剂
合成ATF	欧洲、日本汽车公司	—	—	—

同样为石油基自动变速器润滑油，不同品牌的产品含有不同的添加剂，导致其性能和使用范围有较大差别。如选用不当，极易造成严重后果，见表3-4。

如何选用自动变速器润滑油　　　　　　　表3-4

添加剂成分	具体品牌	对应自动变速器的结构特点	用错ATF的后果
含有摩擦改良剂	DEXRON® MERCON®	离合器、制动器摩擦片数量较多；制动带尺寸较大	换挡冲击大；零部件工作载荷加大，易造成损坏
不含有摩擦改良剂	F型	离合器、制动器摩擦片数量较少；制动带尺寸较小	车辆上坡工况，易造成离合器、制动器摩擦材料磨损加剧，使用寿命大幅下降

因此，必须在车辆的使用和维修过程中，加注车辆原厂家规定或推荐的自动变速器润滑油。否则，不仅可能使自动变速器的性能下降或原本可以避免的故障发生，甚至可能造成严重的后果。

（2）保证正确的自动变速器润滑油液面的高度（图3-56）。自动变速器润滑油液面高度均有明确的规定：当自动变速器内部的液力变矩器、各处油道和油缸均充满油液后，变速器油底壳中的油面高度不应高于行星齿轮变速器旋转零部件的最低位置，同时又必须高出阀体与变速器壳体安装的接合面，如图3-57所示。

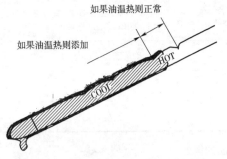

图3-56　正确的自动变速器润滑油液面高度

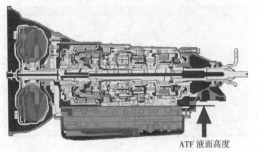

图3-57　自动变速器润滑油液面高度的规定

这样做的目的是防止自动变速器工作时，其内部的旋转零部件产生强烈的搅油作用，使大量的气泡进入油液，加速油液的氧化失效；同时又防止含有大量气泡的油液被吸入，影响系统的正常工作。

（3）遵循原厂规定的换油期限。自动变速器润滑油的使用具有一定周期，超周期使用自动变速器润滑油，会造成以下伤害：

①油泥积炭会形成颗粒，加速摩擦片及部件的磨损，降低使用寿命，严重的还会堵塞滤网；

②油泥积炭会使阀体油管不畅，影响动力传递，从而导致提速慢或失速，严重时会引起烧毁摩擦片；

③脏油会使密封胶圈过早老化，使各缸卸油油压受影响，也会造成提速慢、失速等故障，严重者使各摩擦片打滑、烧片。

自动变速器润滑油的更换周期是以行驶千米数或使用时间为准，若在车辆使用手册中同时给出了这两个指标，则哪一项指标先到就先执行。如果车辆使用手册未标明自动变速器的换油时间，则按照车辆行驶里程6万~8万km更换。

二、自动变速器润滑油的检查

1. 自动变速器润滑油液面高度的检查

（1）准备工作。

①给车辆同一轴车轮安装车轮挡块，

可以是前轮或后轮（图3-33）。

②安装车内4件套（图3-34）：变速杆套、转向盘套、座椅套和底板垫。

③拉起驻车制动杆（图3-35）。

④踩下制动踏板（图3-36）。

⑤使自动变速器变速杆置于P挡（图3-38）。

⑥起动发动机（图3-50）。

⑦等待2～3s后，将变速杆置于R挡（图3-40）。

⑧等待2～3s后，将变速杆置于N挡（图3-42）。

⑨等待2～3s后，将变速杆置于3-D挡（图3-44）。

⑩等待2～3s后，将变速杆置于2挡（图3-46）。

⑪等待2～3s后，将变速杆置于L挡（图3-48）。

⑫等待2～3s后，重新将变速杆置于P挡。

注意

操作步骤⑥～⑫的目的，就是让自动变速器润滑油达到正常的工作温度（80～100℃）。

（2）检查自动变速器润滑油液面高度。

①打开发动机舱盖，并正确支撑，如图3-58所示。

图3-58　打开发动机舱盖

②安装前格栅布，如图3-59所示。

图3-59　安装前格栅布

③拔出自动变速器润滑油标尺，并用干净抹布将其擦拭干净，如图3-60所示。

图3-60　将润滑油标尺擦拭干净

④将自动变速器润滑油标尺完全插入标尺管中（图3-61），再次拔出润滑油标尺。

图3-61　油标尺完全插入标尺管中

⑤观察润滑油标尺上自动变速器润滑油液面高度是否在HOT范围内，如图3-62和图3-63所示。

图3-62　观察润滑油标尺上ATF液面高度

图3-64　准备好抹布与白纸

（2）再次拉出自动变速器润滑油标尺，将油标尺上的自动变速器润滑油滴白纸中心位置，如图3-65所示。

正常范围

图3-63　润滑油标尺上ATF液面的正常范围

检查ATF液面高度时，润滑油标尺的倾斜角度与插在标尺管内时大致相同。

如果液位低于HOT范围，加注新ATF并重新检查液位。否则，可能造成离合器、制动器打滑，加速性能变坏和润滑不良。

如果液位超过HOT范围，排放多余润滑油一次，添加适量的新ATF并重新检查液位。否则，可能造成自动变速器润滑油溢出，控制阀体排油也受阻碍，排油不畅，影响制动器和离合器的分离。

⑥将自动变速器润滑油标尺插入标尺管。

⑦使发动机熄火。

2 自动变速器润滑油品质的检查

（1）取出一张白纸，平放在手心，白纸与手心之间放置一块干净抹布，如图3-64所示。

图3-65　将自动变速器润滑油滴白纸中心位置

（3）再将自动变速器润滑油标尺完全推回到标尺管中。

（4）自动变速器润滑油品质的检查-1：观察自动变速器润滑油的颜色，如图3-66所示。

图3-66　观察自动变速器润滑油的颜色

（5）自动变速器润滑油品质的检查-2：闻自动变速器润滑油的气味，如

图3-67所示。

图3-67 闻自动变速器润滑油的气味

（6）自动变速器润滑油品质的检查-3：观察白纸上自动变速器润滑油形成的油斑中心区域（沉积环）内的污染物情况，如图3-68所示。

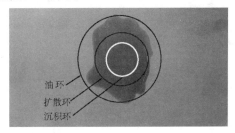

图3-68 观察沉积环内的污染物

自动变速器润滑油品质检查分析的方法见表3-5。

自动变速器润滑油品质分析表　　表3-5

油液状态	正常情况下		污染情况下	
颜色	红色	浅棕色	不清澈	深棕色
气味	无异味	少量异味	焦糊味	焦糊味
污染物	无	轻微污染物	污染物和小颗粒	金属或烧损的离合器颗粒
是否需要更换	无须更换	尚可使用	更换	必须更换或维修

（7）根据自动变速器润滑油的颜色、气味、污染物的3项检查结果，确定该车自动变速器润滑油是否需要更换。

3 整理作业工位

（1）收回前格栅布，关闭发动机舱盖。

（2）取下车内4件套：变速杆套、转向盘套、座椅套和底板垫。

（3）拔下点火钥匙，关闭车门。

（4）垃圾分类。

（5）清洁、整理工具车和工作台，如图3-69所示。

图3-69 清洁、整理工具车和工作台

（6）清洁车辆和场地，如图3-70和图3-71所示。

图3-70 清洁车辆

图3-71 清洁场地

技能链接：自动变速器的试验

一 基础检查

① 发动机怠速检查

发动机怠速不正常，特别是怠速过高，会使自动变速器工作不正常，出现换挡冲击等现象。检查发动机怠速时，应将自动变速器换挡操纵手柄置于P挡或N挡位置。通常自动变速器的汽车发动机怠速为750 r/min，怠速过高或过低均应调整。

② 自动变速器油检查

（1）检查油面是否正常。
（2）检查油质：若油液为黑色、有异味，则为摩擦片磨损；若油液为乳白色，则为有冷却水进入油液；若油液为褐色、黏稠，则为油液氧化变质。
（3）检查油液标号：是否符合原车要求。
（4）检查油管、接头：有无弯折、泄漏。

③ 节气门位置检查

节气门开度影响着自动变速器的换挡时间，发动机熄火后，节气门应全闭，当加速踏板踩到底时，节气门应全开。节气门拉索的索芯不应松弛，索套端和索芯上限位杆之间的距离应在0~1mm之间。

检查与调整方法如下：
（1）推动加速踏板连杆，检查节气门是否全开，如果节气门不能全开，则应该调整加速踏板连杆。
（2）将加速踏板踩到底，将调整螺母拧松。
（3）调整节气门拉索，拧动调整螺母，使索套端和索芯上限位杆之间的距离为0~1mm。
（4）拧紧调整螺母，重新检查调整情况。

④ 换挡杆位置检查

（略）

⑤ 空挡起动开关检查

发动机应只能在N挡和P挡时起动，其他挡位时不能起动。若有异常，应调节空挡起动开关螺栓和开关电路。其方法如下：
（1）松开空挡起动开关螺栓，将换挡操纵手柄放到N挡位置；
（2）将槽口对准空挡基准线，定住位置并拧紧空挡起动开关螺栓。

6 故障码检测

使用诊断设备提取自动变速器系统故障码；如果存在故障码，应检查有关元件、电路。

7 检查发动机性能

检查发动机的动力性；怠速及自诊断故障信息。一些车型的发动机电控系统性能异常，会影响自动变速器电控系统工作。怠速过高会导致起步冲击。

二、手动换挡试验

手动换挡试验是将电子控制自动变速器所有换挡电磁阀的线束插头脱开，此时电脑不能通过换挡电磁阀来控制换挡，自动变速器的换挡取决于操纵手柄的位置。

【目的】

可以通过手动换挡试验，区分故障是由机械系统、液压系统引起，还是由电子控制系统引起的，进一步明确故障存在的部位。

【步骤】

（1）脱开电子控制自动变速器的所有换挡电磁阀线束插头。

（2）起动发动机，将操纵手柄拨至不同位置，然后做道路试验（也可以将驱动轮悬空，进行台架试验）。

（3）观察发动机转速和车速的对应关系，以判断自动变速器所处的挡位。

（4）试验结束后，接上电磁阀线束插头。

（5）清除电脑中的故障码，防止因脱开电磁阀线束插头而产生的故障码保存在电脑中，影响自动变速器的故障自诊断工作。

【分析】

自动变速器不同挡位时发动机转速和车速的关系，见表3-6。

不同挡位时发动机转速和车速的关系　　　　表3-6

挡位	发动机转速（r/min）	车速（km/h）
1挡	2000	18～22
2挡	2000	34～38
3挡	2000	50～55
超速挡	2000	70～75

若操纵手柄位于不同位置时，自动变速器所处的挡位与表中相同，说明电子控制自动变速器的阀板及换挡执行元件基本上工作正常。否则，说明自动变速器的阀板或换挡执行元件有故障。

三、失速试验

【目的】

通过测量变速器在完全制动的状态下，D挡和R挡时发动机能够达到的最高转速，来分析判断发动机和自动变速器的性能及工作状况。

【步骤】

(1) 让汽车行驶至发动机和自动变速器均达到正常工作温度。

(2) 检查汽车的行车制动和驻车制动，确认其性能好。

(3) 检查自动变速器液压油高度，应正常。

(4) 将汽车停放在宽阔的水平地面上，前后车轮用三角木块塞住。

(5) 拉紧驻车制动，左脚用力踩住制动踏板。

(6) 起动发动机。

(7) 将操纵手柄拨入D挡位置。

(8) 在左脚踩紧制动踏板的同时，用右脚将加速踏板踩到底，在发动机转速不再升高时，迅速读取此时的发动机转速，该转速称之为失速转速。

(9) 读取发动机转速后，立即松开加速踏板。

(10) 将操纵手柄拨入P挡或N挡位置，让发动机怠速运转1min，以防止液压油因温度过高而变质。

(11) 将操纵手柄拨入其他挡位（R、S、L或2、1），做同样的试验。

【分析】

不同车型的自动变速器都有其失速转速标准，大部分自动变速器的失速转速标准为2300r/min左右。

若失速转速高于标准值，说明主油路油压过低或换挡执行元件打滑；若失速转速低于标准值，则可能是发动机动力不足或液力变矩器有故障。

四 时滞试验

在发动机怠速运转时，将操纵手柄从N挡拨至D挡或R挡后，需要有一段短暂时间的迟滞或延时才能使自动变速器完成挡位的接合（此时汽车会产生一个轻微的震动），这一短暂的时间称为自动变速器换挡的迟滞时间。

【目的】

通过测量自动变速器换挡的迟滞时间的长短，来判断主油路油压及换挡执行元件的工作是否正常。

【步骤】

(1) 让汽车行驶，使发动机和自动变速器达到正常工作温度。

(2) 将汽车停放在水平地面上，拉紧驻车制动。

(3) 检查发动机怠速，如不正常，应按标准予以调整。

(4) 将自动变速器操纵手柄从空挡N位置拨至前进挡D位置，用秒表测量从拨动操纵手柄开始到感觉汽车振动为止所需的时间，该时间称为N-D延时时间。

(5) 将操纵手柄拨至N挡位置，让发动机怠速运转1min后，再做一次同样的试验。

(6) 做3次试验，并取平均值。

(7) 按上述方法，将操纵手柄由N挡拨至R挡位置，测量N-R延时时间。

【分析】

对于大部分自动变速器而言：

N-D延时时间小于（1.0~1.2）s。若N-D延时时间过长，说明主油路油压过低，前

进离合器摩擦片磨损过甚或前进单向超越离合器工作不良;

N-R延时时间小于1.2s。若N-R延时时间过长,说明倒挡主油路油压过低,倒挡离合器或倒挡制动器磨损过甚或工作不良。

五 油压试验

【目的】

在自动变速器运转时,对控制系统各个油压进行测量,明确故障发生部位。

【步骤】

前进挡主油路油压测试:

(1) 拆下变速器壳体上主油路测压孔或前进挡油路测压孔螺塞,接上油压表。

(2) 起动发动机。

(3) 将操纵手柄拨至前进挡"D"位置。

(4) 读出发动机怠速运转时的油压。该油压即为怠速工况下的前进挡主油路油压。

(5) 用左脚踩紧制动踏板,同时用右脚将加速踏板完全踩下,在失速工况下读取油压。该油压即为失速工况下的前进挡主油路油压。

(6) 将操纵手柄拨至空挡或驻车挡,让发动机怠速运转1min以上。

(7) 将操纵手柄拨至各个前进低挡(S、L或2、1)位置,重复(1)~(6)的步骤,读出各个前进低挡在怠速工况和失速工况下的主油路油压。

倒挡主油路油压测试:

(1) 拆下自动变速器壳体上的主油路测压孔或倒挡油路测压孔螺塞,接上油压表。

(2) 起动发动机。

(3) 将操纵手柄拨至倒挡R位置。

(4) 在发动机怠速运转工况下读取油压。该油压即为怠速工况下的倒挡主油路油压。

(5) 用左脚踩紧制动踏板,同时用右脚将加速踏板完全踩下,在发动机失速工况下读取油压。该油压即为失速工况下的倒挡主油路油压。

(6) 操纵手柄拨至空挡N位置,让发动机怠速运转1min以上。

【分析】

油压过高,会使自动变速器出现严重的换挡冲击,甚至损坏控制系统;油压过低,会造成换挡执行元件打滑,加剧其摩擦片的磨损,甚至使换挡执行元件烧毁。

六 道路试验

道路试验主要检验换挡点(升挡和降挡车速)是否正确,以及换挡时有无冲击、振动、噪声、打滑等。

【目的】

道路试验是诊断、分析自动变速器故障最有效的手段之一。此外,自动变速器在修复之后,也应进行道路试验,以检查其工作性能,检验修理质量。

【步骤】

1 D位的升挡和降挡试验

将操纵手柄置于D位,踩下加速踏板,保持节气门在1/2开度,使汽车加速行驶,检查内容为：

（1）自动变速器是否自动地按1→2挡，2→3挡，3→超速挡的规律自动换挡；
（2）升挡时有无出现换挡冲击，打滑及振动等现象；
（3）锁止离合器工作状况的检查；
（4）自动变速器降挡检查；
（5）降挡时有无异常的振动和噪声。

❷ 在S挡（或2挡）下的试验

将自动变速器操纵手柄置于S挡（或2挡），使节气门保持一定的开度，检查内容如下：
（1）自动变速器是否自动地从1挡升至2挡，换挡车速是否与标准值相符合；
（2）自动变速器在2挡下行驶时，松开加速踏板，看有无发动机制动效果，如无发动机制动，则说明2挡制动器有故障；
（3）在升挡和降挡时，有无异常噪声和冲击。

❸ 在L挡（或1挡）下的试验

在L挡行驶时，加速或减速时有无异常噪声，当突然松开加速踏板，检查有无发动机制动作用，如果无发动机制动作用，则说明控制系统或强制离合器有故障。

❹ 强制降挡试验

使汽车在D挡下中速行驶，保持节气门开度为1/3左右，迅速将加速踏板踩到底，检查自动变速是否被强制降低一个挡位（应有明显增矩效果）。

❺ 倒挡试验

停车后，将自动变速器操纵手柄置于R挡，应能够迅速倒车，并无打滑现象。

❻ P挡试验

在坡度大于9%的坡道上停车，换入P挡，松开驻车制动器和制动踏板后，应不溜车。

【分析】

若自动变速器不能升入高挡，说明控制系统或换挡执行元件有故障。

升挡车速太低，一般是控制系统的故障所致；换挡车速太高，则可能是控制系统的故障所致，也可能是换挡执行元件发生故障。

如果有明显的换挡冲击，可能是主油路的油压过高，蓄压器或单向阀不良。

当车速在80km/h稳定行驶时，再踩下加速踏板，发动机转速应无明显变化，否则说明锁止离合器没起作用，通常是锁止离合器控制系统有故障。

强制降挡试验中，若踩下加速踏板后没有出现强制降挡，说明强制降挡功能失效，如果有强制降挡作用，但在降挡时发动机的转速异常地高于5000r/min，并在松开加速踏板升挡过程中出现冲击，则说明换挡执行元件磨损严重而打滑，应拆修自动变速器。

项目四

传动轴、等速万向节及橡胶护套的检查与更换

知识点

1. 掌握汽车万向传动轴装置的功用、组成及应用；
2. 掌握汽车传动轴与万向节的分类、结构及原理。

技能点

1. 能正确对传动轴进行拆装；
2. 能正确对等速万向节及橡胶护套进行检查与更换。

参考学时及教学组织安排

  本项目总学时为12学时，其中：理论教学为3学时,示范为2学时，学生练习为7学时。
  理论教学采用多媒体辅助教学，并结合实物讲解，使学生掌握汽车传动轴与万向节的分类、结构及原理。
  实践教学采用工艺化教学法，根据实训设备的台套数，学生分组进行对等速万向节及橡胶护套的检查与更换的项目教学。教师讲解并示范操作步骤和注意事项,适时下达操作指令,并进行工位间巡视、检查、指导和纠正错误。

项目实施所需设备、器材

丰田卡罗拉汽车

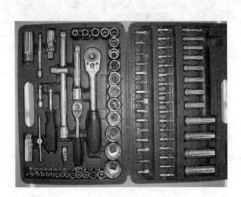 

常用工具　　　　　　　　　举升机

任务 1 万向传动轴装置的认知

一、万向传动轴装置的概述

万向传动轴装置的功用是在一对轴线相交且相对位置经常变化的转轴间传递动力。

二、万向传动轴装置的应用

万向传动轴装置应用在发动机前置前轮驱动的传动系中，万向传动轴装置安装在差速器与车轮之间，当汽车在行驶过程中，悬架的跳动会造成主减速器与车轮之间相对的位置（距离、夹角）发生变化，因此不能用刚性连接，所以必须安装万向传动轴装置。

（1）变速器与驱动桥之间，如图4-1所示。一般汽车的变速器、离合器与发动机三者装合为一体装在车架上，驱动桥通过悬架与车架相连。在负荷变化及汽车在不平路面行驶时引起的跳动，会使驱动桥输入轴与变速器输出轴之间的夹角和距离发生变化。

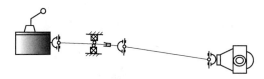

图4-1 变速器与驱动桥之间的万向传动装置

（2）变速器与分动器、分动器与驱动桥之间（越野汽车），如图4-2所示。为消除车架变形及制造、装配误差等引起的其轴线同轴度误差对动力传递的影响，须装有万向传动装置。

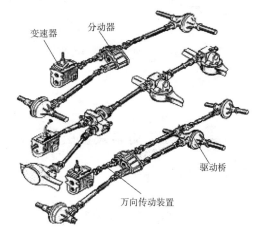

图4-2 变速器与分动器、分动器与驱动桥之间的万向传动装置

（3）转向驱动桥的内、外半轴之间，如图4-3所示。转向时两段半轴轴线相交且交角变化，因此要用万向节。

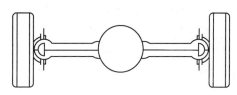

图4-3 转向驱动桥内、外半轴之间的万向传动装置

（4）断开式驱动桥的半轴，如图4-4所示。主减速器壳在车架上是固定的，桥壳上下摆动，半轴是分段的，须用万向节。

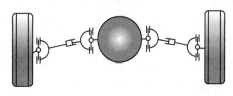

图4-4 断开式驱动桥半轴之间的万向传动装置

（5）转向机构的转向轴和转向器之间，有利于转向机构的总体布置，如图4-5所示。

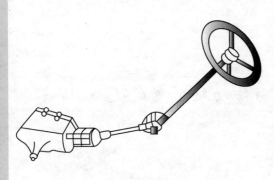

图4-5 转向机构的转向轴和转向器之间的万向传动装置

图4-6 货车传动轴

图4-7 小客车传动轴

三 万向传动轴装置的组成、结构及原理

万向传动轴装置一般是由传动轴和万向节两部分组成。对于传动距离较远的分段式传动轴，为了提高传动轴的刚度，还设置有中间支承。

1 传动轴

（1）功用。传动轴是万向传动轴装置中的主要传力部件，通常用来连接变速器、分动器和驱动桥，在转向驱动桥和断开式驱动桥中用来连接差速器和驱动车轮。

（2）构造。传动轴有实心轴和空心轴两种。为了减轻传动轴的质量，节省材料，提高轴的强度和刚度，传动轴多制造成空心轴，一般用厚度为1.5~3.0mm的薄钢板卷焊而成，重型货车则直接采用无缝钢管，如图4-6所示。转向驱动、断开式驱动桥的汽车传动轴通常为实心轴，其两端采用了两种不同型号的球笼式等速万向节，外端是固定式等速万向节，内端是一种补偿轴距型等速万向节，传动轴两端分别与两万向节的球毂花键连接，如图4-7所示。

2 万向节

（1）万向节是用来连接两件具有一定夹角的传动轴并传递动力的部件。

（2）万向节按其速度特性可分为：普通万向节、准等角速万向节、等角速万向节。普通万向节，如图4-8所示；等角速万向节，如图4-9所示。

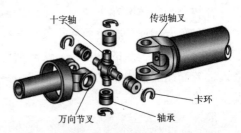

图4-8 普通万向节（十字轴式刚性万向节）

图4-9 等角速万向节

（3）等角速万向节的基本原理如图4-10所示。外滚道中心A与内滚道中心B不重合，分别位于万向节中心O的两边，并且与O等距离。钢球中心C到A、B两点的距离也相等。球笼的内外球面、内滚道的外球面和外滚道的内球面均以万向节中心O为球心。因此，当两轴交角变化时，球笼可沿内外球面滚动，以保持传力钢球在一定位置。由此可见，由于$OA=OB$，$CA=CB$，则三角形$\triangle COA=\triangle COB$，因此$\angle COA=\angle COB$，即两轴相交任意角$\alpha$时，其传力钢球的中心$C$都位于夹角的平分面上些时，钢球到主、从动轴的距离$a$和$b$相等，从而保证主、从动轴以相等的角速度转动。

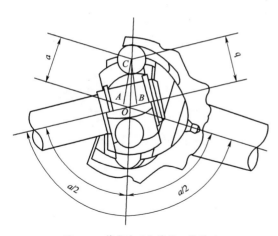

图4-10　等角速万向节的工作原理

（4）球笼式等角速万向节由外星轮、内星轮、球笼和6个钢球等组成。内星轮内有花键与主动轴用花键连接在一起，钢球分别装在内星轮和外星轮的弧形凹槽滚道中，由球笼保持在外星轮内。动力由主动轴输入依次传给钢球和外星轮输出。有些万向节采用可伸缩直槽滚道，滚道内外是圆筒形的，在传力过程中星形套和外壳体可以沿轴向伸缩，这样省去了其他万向节传动中的滑动花键，且滚动阻力小，适用于断开式驱动桥。

（5）等角速万向节的类型：外等速万向节、内等速万向节和三销轴式万向节。

①外等速万向节（RF型）：传动轴的外端采用固定式球笼万向节，其外星轮、内星轮、球笼均为球形，如图4-11所示。转矩由传动轴输入，经过内星轮、钢球、外星轮传给转向驱动轮。

图4-11　外等速万向节（RF型）

②内等速万向节（VL型）：内等速万向节与外等速万向节结构类似，如图4-12所示。当万向节轴无夹角时，球道相交于同一垂直平分面上。当万向节轴线有夹角时，钢球由于球道和球笼的控制作用，使它们仍处于两轴夹角的平分线上。

图4-12　内等速万向节（VL型）

③三销轴式万向节，如图4-13所示。

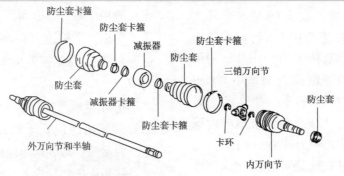

图4-13 三销轴式万向节

3 中间支承

（1）功用：传动轴分段时需加中间支承，中间支承通常装在车架横梁上，能补偿传动轴轴向和角度方向的安装误差，以及汽车行驶过程中因发动机窜动或车架变形等引起的位移。

（2）结构：中间支承常用弹性元件来满足上述功用，如图4-14所示的中间支承是由支架和轴承等组成，双列锥轴承固定在中间传动轴后部的轴颈上。带油封的支承盖之间装有弹性元件橡胶垫环，用三个螺栓紧固。紧固时，橡胶垫环会径向扩张，其外圆被挤紧于支架的内孔。

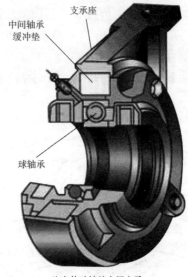

汽车传动轴的中间支承

图4-14 中间支承

任务 2　传动轴、等速万向节及橡胶护套的检查与更换

传动轴总成的拆装（以丰田卡罗拉为例）

（1）车辆进入工位前，如图4-15所示，学生将工位卫生清理干净，排除障碍物，准备好相关的工具、物品和耗材等，如图4-16所示。

图4-17　举升机的停放

图4-15　车辆进入工位

图4-18　拉紧驻车制动器操纵手柄

（3）用车轮专用扳手拧松车轮螺栓，如图4-19所示。再将举升机上的车辆举升到适当高度处，如图4-20所示。

图4-16　做好准备工作

图4-19　拧松车轮螺栓

（2）将车辆停放在举升机的中央位置，如图4-17所示。拉紧驻车制动器操纵手柄，如图4-18所示。并将变速器置于空挡，再将转向盘套、变速杆套、座椅套、地板垫进行安装和铺设。

图4-20　操纵举升机

项目四　传动轴、等速万向节及橡胶护套的检查与更换

（4）扶住车轮并拆下车轮，如图4-21所示。用手将车轮放在车轮专用车或架子上，如图4-22所示。

图4-21　拆卸车轮

图4-22　安放车轮

注意

在举升机没将车辆举升之前不可拧下车轮螺栓，防止车轮倾斜，损坏车轮螺栓和螺母。

（5）将发动机1号底罩和发动机后部底罩拆下，并将油盆准备好，用工具先将注油螺塞和衬垫拆下，如图4-23所示。将放油螺塞旋松，再将油盆位置放好，旋出放油螺塞和衬垫，将手动传动桥油排放干净，并拧紧放油螺塞，如图4-24所示。

图4-23　注油螺塞

图4-24　放油螺塞

（6）举升机升到相应的高度，用锤子和专用工具将前桥轮毂螺母锁紧部件松开，如图4-25和图4-26所示。

图4-25　传递锤子

图4-26　松开前桥轮毂螺母锁紧部件

（7）用车轮专用工具套筒、扭力扳手拧松前桥轮毂螺母，并将螺母旋出，如图4-27所示。

图4-27　拧松前桥轮毂螺母

(8）用φ17mm扳手和φ6mm内六角扳手从前减振器上拆下螺母，并分离前稳定杆连杆总成，如图4-28和图4-29所示。

图4-28　传递内六角扳手

图4-29　前稳定杆连杆总成

(9）用φ14mm扳手对前轮转速传感器和前挠性软管进行分离，如图4-30和图4-31所示。

图4-30　分离前轮转速传感器

图4-31　分离前挠性软管

(10）用φ17mm扳手分离前盘式制动器制动钳总成、拆卸前制动盘，如图4-32和图4-33所示。

图4-32　分离前盘式制动器制动钳总成

图4-33　拆卸前制动盘

(11）用尖嘴钳和φ17mm扳手分离横拉杆接头总成，如图4-34和图4-35所示。

图4-34　传递尖嘴钳

图4-35　分离横拉杆接头总成

（12）用φ17mm扳手分离前悬架下臂，如图4-36所示。

图4-36　分离前悬架下臂

（13）用φ22mm扳手拆下两个螺栓和螺母，并从转向节上断开带螺旋弹簧的前减振器总成，如图4-37所示。并在驱动轴和前轮毂分总成上做好记号，再用橡胶锤拆下前桥总成。

图4-37　拆卸带螺旋弹簧的前减振器总成

（14）用一字螺丝刀和锤子拆卸前桥半轴总成，如图4-38和图4-39所示。

图4-38　传递一字螺丝刀

图4-39　拆卸前桥半轴总成

> 注意

①小心不要损坏传动桥壳油封、内侧万向节防尘套和驱动轴防尘罩。
②不可掉落驱动轴，否则会损坏。

（15）对半轴总成拆卸，用一字螺丝刀先拆卸前桥内侧万向节防尘罩2号卡夹和前桥内侧万向节防尘套卡夹，如图4-40和图4-41所示。用一字螺丝刀松开防尘套夹的锁紧部件并分离防尘套卡夹。再将内侧万向节防尘套从内侧万向节密封垫上分离。

图4-40　拆卸前桥内侧万向节防尘罩2号卡夹

图4-41　前桥内侧万向节防尘套卡夹

（16）拆卸前桥左半轴内侧万向节总成，先清除内侧万向节上的所有旧润滑脂，并在内侧万向节和外侧万向节轴上做好装配标记,如图4-42所示。接着把万向节轴夹在台虎钳上,用卡簧钳拆下轴卡环,再在外侧万向节轴和三销架上设置装配标记,并用铜棒和锤子从外侧万向节轴上敲出三销架,如图4-43所示。

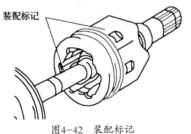

图4-42 装配标记

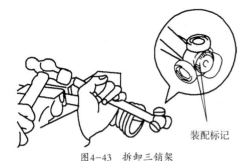

图4-43 拆卸三销架

(17)拆卸前桥右半轴内侧万向节总成,先将内侧万向节密封垫从内侧万向节上拆下,再拆下内侧万向节防尘套、内侧万向节防尘罩2号卡夹和内侧万向节防尘罩卡夹,如图4-44和图4-45所示。

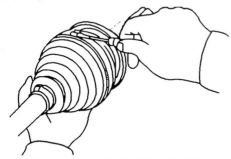

图4-44 拆卸内侧万向节防尘罩2号卡夹

图4-45 拆卸内侧万向节防尘套卡夹

(18)用尖嘴钳拆下2个驱动轴减振器卡夹,接着从外侧万向节轴上拆下前桥半轴减振器,如图4-46所示。

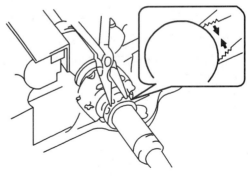

图4-46 拆卸带螺旋弹簧的前减振器总成

(19)用一字螺丝刀松开防尘套的锁紧部件并拆下前桥外侧万向节防尘罩2号卡夹和前桥外侧万向节防尘套卡夹,图4-47和图4-48所示。

图4-47 拆卸前桥外侧万向节防尘罩2号卡夹

图4-48 前桥外侧万向节防尘套卡夹

（20）从外侧万向节上拆下外侧万向节防尘套并清除外侧万向节上所有旧润滑脂。

（21）用一字螺丝刀拆下前桥左半轴孔卡环和前桥右半轴孔卡环，如图4-49所示。再使用专用工具和压力机，压出前桥左半轴防尘罩和前桥右半轴防尘罩，如图4-50所示。

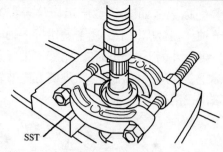

图4-50 压出前桥左半轴

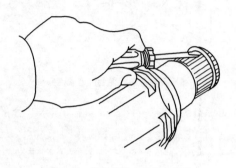

图4-49 拆卸前桥右半轴孔卡环

（22）对前桥半轴进行检查：外侧万向节在径向上应没有过大的间隙；内侧万向节在止推方向上应滑动顺畅；内侧万向节在径向上应没有过大的间隙；检查防尘套是否有损坏。

（23）装配应按拆卸的相反顺序进行安装。

（24）安装结束后，整理工具和清理场地。

项目五

驱动桥的拆装与调整

 知识点

1. 掌握驱动桥的主要部件结构认知；
2. 掌握主减速器、差速器的工作原理。

 技能点

1. 正确规范使用工具与设备；
2. 主减速器、差速器的拆装及调整。

 参考学时及教学组织安排

本项目总学时为7学时，其中理论教学为2学时，示范为1学时，学生练习为4学时。

理论教学采用多媒体辅助教学，并结合实物讲解，使学生掌握驱动桥主要部件与工作原理。

实践教学采用项目教学法，根据实训设备的台套数，学生分组进行主减速器、差速器的拆装和主减速器、差速器的调整的项目教学。教学中，教师讲解并示范操作步骤和注意事项，适时下达操作指令，并进行工位间巡视、检查、指导和纠正错误。

项目实施所需设备、器材

减速器与差速器总成或拆装台架

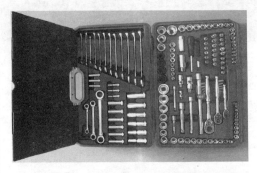

世达工具

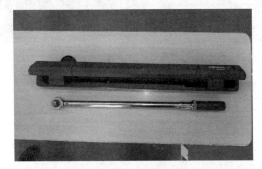

扭力扳手

抹布

尖嘴钳

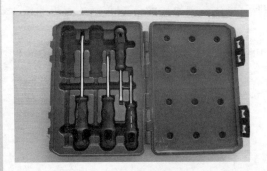

一字螺丝刀

木锤

任务 1 驱动桥的认知

一、驱动桥

1. 功用与组成

驱动桥的功用是将万向传动装置传来的发动机动力进一步降速增矩，改变动力传递路线，分配到驱动车轮，且允许左右侧驱动轮以不同的转速旋转。

驱动桥是传动系统的最后一个总成，如图5-1所示，一般由主减速器、差速器、半轴和驱动桥壳等组成。

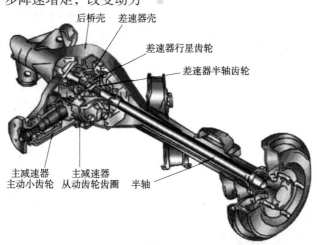

图5-1 典型驱动桥（整体式驱动桥）组成

2. 类型

按结构不同，驱动桥分为整体式驱动桥与断开式驱动桥两种类型。

整体式驱动桥采用非独立悬架，其桥壳是刚性的整体，驱动桥两端通过悬架与车架连接，左右半轴始终在一条直线上，即左右驱动轮不能相互独立地直线跳动（图5-1）。

当某一侧车轮因地面升高或下降时，整个驱动桥及车身都要随之发生倾斜。为提高车辆行驶的平顺性和通过性，轿车和越野车采用独立悬架的断开式驱动桥。

断开式驱动桥如图5-2所示，采用独立悬架，其主减速器固定在车架上，驱动桥壳分段制成并用铰链连接，半轴也分段并用万向节连接。驱动器两端分别用悬架与车架连接，这样两侧的驱动轮及桥壳可以彼此独立地相对于车架上下跳动。

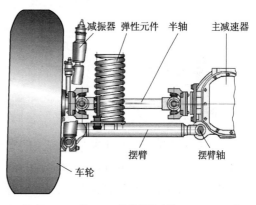

图5-2 断开式驱动桥

发动机前置前轮驱动轿车的驱动桥，将变速器、主减速器和差速器均安装于一个三件组合的外壳（常称为变速器壳）之内，这样传动系的体积有效地减小，由于取消了贯穿前后的传动轴，简化结构，使轿车自重减轻，而且动力直接传给前轮，提高了传动效率。

二、主减速器

1. 功用

（1）将万向传动装置传来的发动机转矩传给差速器。

（2）在动力的传动过程中要将转矩增大并相应降低转速。

（3）对于纵置发动机，还要将转矩的旋转方向改变90°。

2. 类型

按参加传动的齿轮副数目，可分为单级式主减速器和双级式主减速器。

按主减速器传动比个数，可分为单速式主减速器和双速式主减速器。单速式主减速器的传动比是固定的，而双速式主减速器则有两个传动比供驾驶员选择。

按齿轮副结构形式，可分为圆柱齿轮式（又可分为定轴轮式和行星轮式）主减速器和圆锥齿轮式（又可分为螺旋锥齿轮式和准双曲面锥齿轮式）主减速器。

3. 单级主减速器

目前，轿车和一般轻型、中型货车均采用单级主减速器，即可满足汽车动力性的要求。单级主减速器具有结构简单、体积小、质量轻和传动效率高等优点，结构如图5-3所示。主动锥齿轮和从动锥齿轮为一对准双曲面齿轮，能确保啮合传动时冲击小，噪声低且磨损均匀。

图5-3 单级主减速器结构

三、差速器

1. 功用

差速器的作用是将主减速器传来的动力传给左、右半轴，并在必要时允许左、右半轴以不同转速旋转，使左、右驱动轮相对地面作纯滚动，以满足两侧驱动轮差速的需要。

2. 类型

差速器按其用途可分为轮间差速器和轴间差速器。轮间差速器装在同一驱动桥两侧驱动轮之间，而轴间差速器装在各驱动桥之间。

差速器按其工作特性均可分为普通差

速器和防滑差速器两大类。

3 结构组成

现代轿车多用的是普通差速器，其结构如图5-4所示，由差速器壳、行星齿轮轴、2个行星齿轮、2个半轴齿轮、行星齿轮垫片，半轴齿轮垫片等组成。行星齿轮和半轴齿轮的背面制成球面，与行星齿轮垫片相配合，有减摩、耐磨作用。差速器通过一对圆锥滚子轴承支承在变速器壳体中。

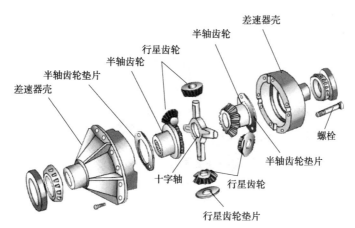

图5-4 普通差速器的结构

4 工作原理

汽车在拐弯时，车轮的轨线是圆弧，如果汽车向左转弯，转向中心在左侧，在相同的时间里，右侧车轮走的弧线比左侧车轮长，为了平衡这个差异，就要左边轮子慢，右边轮子快，用不同的转速来弥补距离的差异。

车辆直线行驶时，左、右两边车轮受到的阻力相当，差速器壳体内的行星齿轮只是跟着壳体公转而不会自转，如图5-5所示。

当车辆转弯时，内侧车轮会产生更大的阻力，两侧半轴受力不同会使得中间的行星齿轮产生自转，两侧半轴就会有转速差。外侧比内侧车轮转的更快，这样能使两侧驱动轮在地面上均作纯滚动，如图5-6所示。

图5-6 差速原理（左转行驶）示意图

半轴和桥壳

半轴用来将差速器半轴齿轮的输出转矩传到驱动轮或轮边减速器上。在非断开式驱动桥内，半轴一般是实心的；在断开式驱动桥处，往往采用万向传动装置给

图5-5 差速原理（直线行驶）示意图

驱动轮传递动力；在转向驱动桥内，半轴一般需要分为内半轴和外半轴两段，中间用等角速万向节相连接。半轴可以分为全浮式半轴和半浮式半轴，全浮式只传递扭矩，不传递弯矩。半浮式除了传递扭矩外，还要传递弯矩。

驱动桥壳一般由主减速器壳和半轴套管组成。其内部用来安装主减速器、差速器和半轴等；其外部通过悬架与车架相连，两端安装制动底板并连接车轮，承受悬架和车轮传来的各种作用力和力矩。桥壳分为分段式桥壳和整体式桥壳两种类型。

半轴与桥壳如图5-7所示。

图5-7　半轴与桥壳

任务 2　驱动桥的拆装与调整

一　主减速器与差速器的拆装

（1）车辆进入工位前，将工位卫生清理干净，排除障碍物，准备好相关的工具、物品、耗材等。

（2）拆下桥壳后盖及密封垫，取出主动锥齿轮，如图5-8、图5-9所示。

图5-8　拆下桥壳后盖及密封垫

图5-9　取出主动锥齿轮

（3）拆下差速器支承轴承调整螺母的止动装置。

（4）拆下调整螺母和垫片（图5-10）。

（5）拆下轴承盖。

（6）取出差速器总成，并注意安全。

图5-10　拆下调整螺母

（7）在差速器壳体分割面上做好标记，拆下从动锥齿轮连接螺栓和止推销，用木锤轻轻敲击从动锥齿轮，并取下，如图5-11、图5-12所示。

图5-11　拆下从动锥齿轮连接螺栓

图5-12　轻轻敲击从动锥齿轮

（8）分解差速器，取出十字轴、半轴齿轮、行星齿轮、行星齿轮垫片，按顺序摆放，如图5-13所示。

图5-13 取出十字轴、半轴齿轮、行星齿轮、行星齿轮垫片，按顺序摆放

（9）组装时，按拆卸相反顺序进行。

二 主减速器与差速器的调整

（1）主动锥齿轮轴承预紧度由调整垫片来调整。增加垫片的厚度，轴承预紧度减小；反之，轴承预紧度增加。从动锥齿轮（差速器壳）轴承预紧度则是通过拧动两侧的轴承调整螺母来调整的。拧入调整螺母，轴承预紧度增加；反之，轴承预紧度减小。EQ1092汽车的从动锥齿轮预紧力矩为192~260N·m。

（2）啮合印痕的调整。对主、从动锥齿轮啮合印痕与齿侧间隙的调整要求是：主、从动锥齿轮应沿齿长方向接触，其位置控制在齿轮的中部偏向小端，离小端端部2~7mm，接触痕迹的长度不小于齿长的50%，齿高方向的接触印痕应不小于齿高的50%，一般应距齿顶0.80~1.60mm，齿侧间隙为0.15~0.50mm，但每一对锥齿副轮啮合间隙的变动量不得大于0.15mm，如图5-14所示。

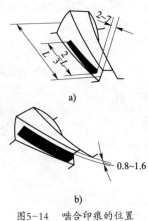

图5-14 啮合印痕的位置

啮合印痕调整方法见表5-1。

啮合印痕的调整方法　　　　　表5-1

齿轮接触区		调整方法
	接触区合适	— 无须调整
	主、从动齿锥齿轮太近	侧隙小（松左侧，紧右侧调整螺母）
	主、从动齿锥齿轮太远	侧隙大（松右侧，紧左侧调整螺母）
	从动锥齿轮接触区太高	主、从动锥齿轮相距太大（减少垫片厚度）
	从动锥齿轮接触区太低	主、从动锥齿轮相距太小（增加垫片厚度）

知识链接：四轮驱动的组成及工作过程

常见的汽车四驱形式可以分为三大类：分时四驱、适时四驱、全时四驱。

① 分时四驱

分时四驱是一种驾驶者可以在两驱和四驱之间手动选择的四轮驱动系统，由驾驶员根据路面情况，通过接通或断开分动器来变化两轮驱动或四轮驱动模式，这也是越野车或四驱SUV最常见的驱动模式，如图5-15所示。

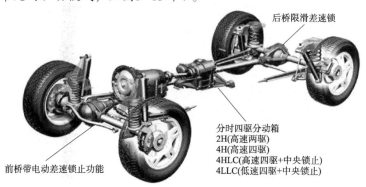

图5-15　分时四驱结构

在用四轮驱动行驶时，分动器用来向其他未驱动的两轮传递动力。分动器在切换二轮驱动与四轮驱动的同时，还能够变换高速和低速。例如，在有5挡前进挡的情况下，它的结构可以分成在普通路面上行驶的5挡（高速）和在凹凸路面上行驶的5挡（低速）。

分时四驱靠操作分动器实现两驱与四驱的切换。它的优点是结构简单，稳定性高，坚固耐用。其缺点是必须车主手动操作，有些甚至结构复杂，不止是一个步骤，同时还需要停车操作，这样不仅操作起来比较麻烦，而且遇到恶劣路况时不能迅速反应，往往错过了脱困的最佳时机；同时，因为分时四驱没有中央差速器，所以不能在硬地面上使用四驱系统，特别是在弯道上不能顺利转弯。

② 适时四驱

适时四驱是在适当的时候才会转换为四轮驱动，而在其他情况下仍然是两轮驱动的驱动系统。系统会根据车辆的行驶路况自动切换为两驱或四驱模式，不需要人为操作，其结构如图5-16所示。适时四驱有别于需要手动切换两驱和四驱的分时四驱，以及所有工况下都是四轮驱动的全时四驱。

适时四驱的核心部件是多片离合器式限滑差速器。多片离合器式差速器主要是通过湿式离合片产生差动扭矩，而离合器的压紧与分离是靠电子系统来控制的，无需人为控制。车辆在正常行驶时，驱动形式为前驱，如当系统检测到车轮打滑时，通过电子系统控制离合器压紧，进而将部分动力传递至后轮，电脑会根据车速与路况自动分配前后轴扭矩，以达到抓地性能最优化。

适时四驱可以根据车轮打滑或转向信息，精确控制智能分动器向四轮传递出大小可控的转矩，提高整车加速性、稳定性和燃油经济性。在停车时，传递给前轮扭力非常低或为零，提高了操作的便利和舒适性。在ABS工作时，短时间内迅速切断前轮动力传递，确保制动时整车的稳定性。在加速时，在四个轮上实现最大的牵引力，加速性更好。在湿滑路面上时，与其他安全系统通信，实现最佳的牵引力和安全性能。

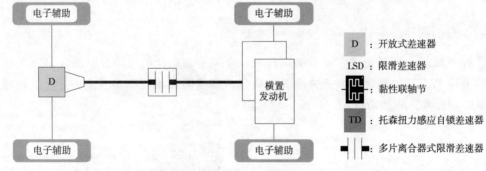

图5-16 适时四驱结构

适时四驱的缺点仍然是存在的，目前绝大多数适时四驱在前后轴传递动力时，会受制于结构本身的缺陷，无法将超过50%以上的动力传递给后轴，这使它在主动安全控制方面，没有全时四驱的调整范围那么大；同时，相比分时四驱，它在应对恶劣路面时，四驱的物理结构极限偏低。

③ 全时四驱

全时四驱就是任何时间，车辆都是四个轮子独立驱动的系统，全时四驱通过一个柔性扭力感应的中央差速器，再通过前轴和后轴的独立差速器，把驱动力分配到四个轮胎，如图5-17所示。

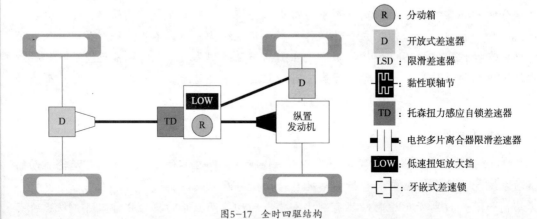

图5-17 全时四驱结构

全时四驱这种驱动模式不需要驾驶员选择操作，前后车轮永远维持四轮驱动模式，行驶时将发动机输出转矩按一定比例设定在前后轮上，使前后排轮保持相应量转矩。全时四驱系统具有良好的驾驶操控性和行驶循迹性，当某个车轮发生打滑的时候，系统就会自动介入，重新分配四个车轮的动力，以保证四个车轮任何时候都获得最高的附着性。这类系统在湿滑的路面上有着非常明显的操控优势。

项目六

盘式制动器的拆装与检查

 知识点

■ 盘式制动器的主要部件与工作原理。

 技能点

■ 1.盘式制动器的检查；
2.盘式制动器的更换。

 参考学时及教学组织安排

　　本项目总学时为6学时，其中：理论教学为1学时，示范为1学时，学生练习为4学时。

　　理论教学采用多媒体辅助教学，并结合实物讲解，使学生掌握盘式制动器的主要部件与工作原理。

　　实践教学采用项目教学法，根据实训设备的台套数，学生分组进行盘式制动器的检查和盘式制动器的更换项目教学。教师讲解并示范操作步骤和注意事项，适时下达操作指令，并进行工位间巡视、检查、指导和纠正错误。

项目实施所需设备、器材

整车或者台架

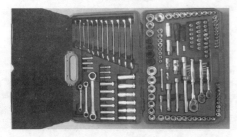
世达工具一套

抹布

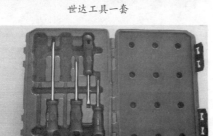
一字螺丝刀

扭力扳手

尖嘴钳

鲤鱼钳

润滑脂

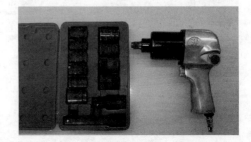
气动扳手及套筒

任务 1　盘式制动器的认知

一　车轮制动器的功用

车轮制动器的功用是将气压或液压转变为制动器制动力,以迫使车轮停转,从而使路面对车轮产生一个与汽车行驶方向相反的汽车制动力,在该力作用下,使汽车迅速减速、维持一定的车速或停车。

二　盘式制动器

盘式制动器摩擦副中的旋转元件是以端面工作的金属圆盘,称为制动盘。其固定元件则有着多种结构形式,是工作面积不大的摩擦块与其金属背板组成的制动块,每个制动器中有2~4个,这些制动块及其促动装置都装在横跨制动盘两侧的夹钳形支架,总称为制动钳。

盘式制动器外形如图6-1所示。

图6-1　盘式制动器外形

三　盘式制动器的分类

根据其固定元件的结构形式可分为:钳盘式制动器和全盘式制动器。钳盘式制动器目前运用在各级轿车及轻型货车上;全盘式制动器只用于重型汽车上。

钳盘式制动器又可以分为:定钳盘式制动器(图6-2)和浮钳盘式制动器(图6-3)。

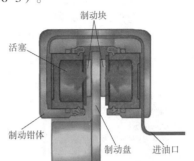

图6-2　定钳盘式制动器结构示意图

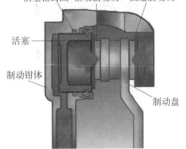

图6-3　浮钳盘式制动器结构示意图

1. 定钳盘式制动器构造

定钳盘式制动器由进油口、制动盘、制动钳体、活塞制动块等组成。

2. 定钳盘式制动器原理

定钳盘式制动器中,制动钳受制动管路中的油液高压,两侧制动块向中间运动摩擦挤压制动盘,直到制动盘停止转动;解除制动时,油压减小,制动块脱离制动盘。

定钳盘式制动器存在着以下缺点:油缸较多,使制动结构复杂;油缸分置于制动盘两侧,必须用跨越制动盘的钳内油道或外部油管来连接,这必然使得制动钳的尺寸过大，难以安装在现代化轿车的轮辋内，热负荷大时，油缸（特别是外侧油缸）和跨越制动盘的油管或油道个机械促动的驻车制动钳。这些缺点使得定钳盘式制动器难以适应现代汽车的使用要求，所以定钳盘式制动器目前较少。

❸ 浮钳盘式制动器的构造

浮钳盘式制动器主要有制动盘、内外摩擦衬块、制动钳壳体、制动钳支架、前制动轮缸活塞及弹簧等组成（图6-4）。

图6-5 浮钳盘式制动器工作时　　图6-6 浮钳盘式制动器不工作时

放松制动踏板，制动轮缸内的液压消失，使原被推压在活塞上而产生变形的橡胶圈恢复原状，把活塞推回原位，使制动摩擦衬块与制动盘之间保持原有的间隙。

四 盘式制动器的特点

盘式制动器与鼓式制动器相比，有以下优点：一般无摩擦助势作用，因而制动器效能受摩擦系数的影响较小，即效能较稳定；浸水后效能降低较少，而且只需经一两次制动即可恢复正常；在输出制动力矩相同的情况下，尺寸和质量一般较小；制动盘沿厚度方向的热膨胀量极小，不会像制动鼓的热膨胀那样使制动器间隙明显增加而导致制动踏板行程过大；较容易实现间隙自动调整，其他保养修理作业也较简便。对于钳盘式制动器而言，因为制动盘外露，还有散热良好的优点。盘式制动器不足之处是效能较低，故用于液压制动系统时所需制动促动管路压力较高，一般要用伺服装置。

目前，盘式制动器已广泛应用于轿车，大部分汽车使用四轮盘式制动器，汽车制动时有较高的的方向稳定性。在货车上，盘式制动器也有采用，但普及率还不高。

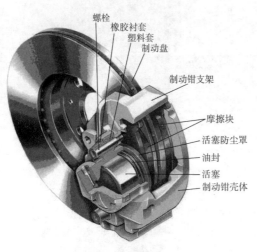

图6-4 浮钳盘式制动器的结构示意图

❹ 浮钳盘式制动器的工作原理

（1）浮钳盘式制动器工作时，如图6-5所示。

踩下制动踏板，液压作用于制动轮缸时，制动轮缸内活塞移动，把制动钳内的摩擦衬块压向制动盘，同时，制动轮缸内也受到同样的液压，把制动钳朝制动盘方向推动，而位于相反一侧的制动摩擦衬块也压向制动盘，产生制动力，迫使制动盘停止转动。

（2）浮钳盘式制动器不工作时，如图6-6所示。

任务 2　盘式制动器的拆装与检查

（1）车辆进入工位前，学生将工位卫生清理干净，排除障碍物，准备好相关的工具、物品和耗材等。

（2）将车辆停放在举升机的中央位置，1号拉紧驻车制动装置，并将变速器置于空挡，3号分别将转向盘套、变速杆套、座椅套、地板垫递给1号进行安装和铺设。

（3）3号将一字螺丝刀递给1号，1号将车轮装饰罩拆下，并将车轮装饰罩和一字螺丝刀递给3号放好。

（4）3号将气动扳手或车轮专用套筒递给1号，2号辅助1号，1号拆卸前注意气动扳手的旋转方向，拆卸时一只手握紧气动扳手，另一只手护在要拆卸的螺母周围，防止螺母掉落。3号取下车轮，放在车轮专用车或架子上。拆卸车轮如图6-7所示。

图6-7　拆卸车轮

如在整车上学习，从步骤1开始；如在台架上实习，从步骤5开始。

（5）1号拆下制动蹄上、下防振弹簧（保持弹簧），并递给3号放好。

（6）3号递给1号7号专用接头和棘轮扳手，如图6-8所示；1号用工具拆下制动轮缸定位螺栓，如图6-9所示；2号取下制动钳轮缸，并挂好。

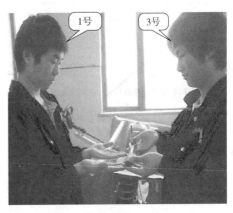

图6-8　专用接头和棘轮扳手

图6-9　拆下制动轮缸定位螺栓

（7）1号从支架上拆下两个制动蹄，注意作好记号，并递给3号放好。

（8）1号把制动钳活塞压回到制动钳壳体内。在压回活塞之前，2号应先将储液罐中的制动液抽出一部分，以免活塞回压时，引起制动液外溢，损坏车身油漆或者用撬具插入制动蹄与制动盘的缝隙中，撬动制动蹄，使之离开制动盘（图6-10）。

图6-10　加大制动间隙

（9）3号递给1号套筒、专用接头和棘轮扳手，1号拆下制动钳固定支架（图6-11）以及制动盘与轮毂的连接螺栓，取下制动钳固定支架和制动盘并递给3号放好。

图6-11　拆卸制动钳固定支架连接螺栓

（10）检查制动盘外观是否有裂纹和不平现象（端面圆跳动不超过0.06mm，制动盘正常厚度为20mm，厚度极限为17.8mm）；检查摩擦片厚度（如厚度小于7mm，必须更换），检查制动活塞和缸筒间隙（如间隙大于0.15mm时必须更换制动钳总成）。

（11）前轮制动器的清洁：4号用抹布清洁所有零件表面，如图6-12和图6-13所示。

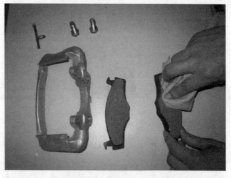

图6-12　清洁制动蹄表面

图6-13　清洁制动盘

4号用细砂纸打磨摩擦表面，如图6-14和图6-15所示。

图6-14　打磨制动盘

图6-15　打磨制动蹄

（12）各零件如没有损伤（检修可参见相应的内容），按拆卸的相反顺序进行安装。

附：桑塔纳2000制动系统主要螺纹连接件的力矩见表6-1。

（13）踩制动踏板数次，使制动器回到正常工作状态。

制动系统主要螺纹连接件的力矩（N·m）　　　　　表6-1

螺纹连接件	力矩	螺纹连接件	力矩
制动钳支架紧固螺栓	70	真空助力器固定螺栓	20
制动钳体定位螺栓	40	后制动轮缸固定螺栓	20
制动底板固定螺栓	60	油管接头螺母	25
真空助力器与主缸连接螺栓	20	轮胎螺母	110
真空助力器支架固定螺栓	15		

 知识链接：新型盘式制动器

一　通风制动盘

通风制动盘顾名思义就是内部是中空的，冷空气可以从中间穿过进行降温，一般多用于民用车的前轮制动盘（图6-16）。从外表看，它在圆周上有许多通向圆心的空洞，它利用汽车在行驶当中产生的离心力能使空气对流，达到散热的目的，因此，比普通盘式散热效果要好许多。

图6-16　通风盘制动器

二　打孔通风盘

打孔通风盘（图6-17）是在通风盘基础上对盘面进行打孔，最大程度保证空气流通，降低热衰减。

图6-17 打孔通风盘制动器

三 陶瓷制动盘

陶瓷制动盘（图6-18）并非普通陶瓷，而是在1700℃高温下碳纤维与碳化硅合成的增强型复合陶瓷。陶瓷盘的质量不足普通铸铁盘的1/2，如采用陶瓷制动的奔驰SLR MCIAREB，其前轮制动盘直径为370mm，但质量仅为6.4kg。而采用普通制动盘的奔驰CL-CLASS其前盘直径为360mm，但质量高达15.4kg。

图6-18 陶瓷制动盘制动器

更轻的制动盘就意味着悬架下质量的减小。这令悬架系统的反应更快，因而能够提升车辆整体的操控水平。另外，普通的制动盘容易在全力制动下因高热产生热衰退，而陶瓷制动盘能有效而稳定的抵抗热衰退，其耐热效果比普通制动盘高出许多倍。此外陶瓷碟在制动最初阶段就立刻能产生最大的制动力，因此，甚至无须制动辅助增加系统，而整体制动比传统制动系统更快、距离更短、为了抵抗高热，在制动活塞与制动衬块之间有陶瓷来隔热，陶瓷制动盘有非凡的耐用性，正常使用的话可以终生免更换，而普通的铸铁制动盘一般用上几年就要更换。

项目七

鼓式制动器的拆装与检查

 知识点

鼓式制动器的主要部件与工作原理。

 技能点

1. 鼓式制动器的检查；
2. 鼓式制动器的更换。

 参考学时及教学组织安排

本项目总学时为6学时，其中：理论教学为1学时，示范为1学时，学生练习为4学时。

理论教学采用多媒体辅助教学，并结合实物讲解，使学生掌握鼓式制动器的主要部件与工作原理。

实践教学采用项目教学法，根据实训设备的台套数，学生分组进行鼓式制动器的检查和鼓式制动器的更换的项目教学。教师讲解并示范操作步骤和注意事项，适时下达操作指令，并进行工位间巡视、检查、指导和纠正错误。

项目实施所需设备、器材

整车或者台架

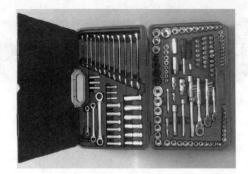

世达工具一套

抹布

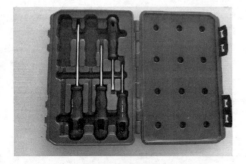

一字螺丝刀

扭力扳手

尖嘴钳

鲤鱼钳

润滑脂

气动扳手及套筒

专用工具VW637/2

项目七 鼓式制动器的拆装与检查

任务 1 鼓式制动器的认知

一 车轮制动器的功用

车轮制动器的功用是将气压或液压转变为制动器制动力,以迫使车轮停转,从而使路面对车轮产生一个与汽车行驶方向相反的汽车制动力,在该力作用下,使汽车迅速减速、维持一定的车速或停车。

二 鼓式制动器

1 鼓式制动器的分类

根据制动蹄促动装置的不同可分为凸轮式制动器(图7-1)和轮缸式制动器(图7-2)。

图7-1 凸轮式制动器的结构示意图

鼓式制动器有内张型和外束型两种。前者的制动鼓以内圆柱面为工作表面,在汽车上应用广泛;后者制动鼓的工作表面则是外圆柱面,目前只有极少数汽车用作驻车制动器。

根据制动过程中两制动蹄产生制动力矩的不同,鼓式车轮制动器可分为领从蹄式、双领蹄式、双向双领蹄式、双从蹄式、单向自增力式和双向自增力式等几种形式。

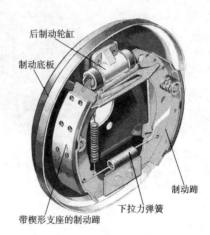

图7-2 轮缸式制动器的结构示意图

2 轮缸式制动器的构造

桑塔纳后轮制动器是最典型的轮缸式制动器,因为它是带有驻车制动的轮缸鼓式制动器。该轮缸式制动器一般由制动底板、后制动轮缸、拉力弹簧、制动杆、制动蹄、压杆、楔形块和制动鼓等组成,各零部件如图7-3所示。

3 轮缸式制动器的工作原理

(1)轮缸式制动器工作时(图7-4):踩下制动踏板,液压作用于制动轮缸时,制动轮缸内活塞移动,把制动蹄片推向制动鼓(图中箭头所指),使摩擦衬片压紧旋转的制动鼓产生制动力,使车轮减速或停止转动。

(2)轮缸式制动器不工作时(图7-5):放松制动踏板,制动轮缸内的液压消失,

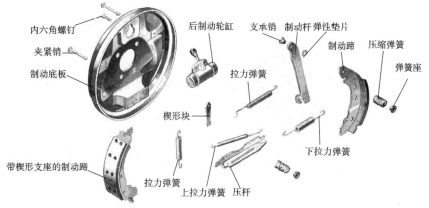

图7-3 桑塔纳后轮制动器分解图

制动蹄片在拉力弹簧（图中箭头所指）的作用下开始回到原来位置，把活塞推回原位。这样，使制动摩擦衬块与制动鼓之间仍保持原有的间隙。

图7-4 轮缸式制动器工作时

图7-5 轮缸式制动器不工作时

三 鼓式制动器的特点

1 优点

鼓式制动器造价便宜，而且符合传统设计。轿车在制动过程中，由于惯性的作用，前轮的负荷通常占汽车全部负荷的70%~80%，前轮制动力要比后轮大，后轮起辅助制动作用，因此，轿车生产厂家为了节省成本，就采用前盘后鼓的制动方式。不过对于重型车来说，由于车速一般不是很高，制动蹄的耐用程度也比盘式制动器高，因此，许多重型车至今仍使用四轮鼓式的设计。

2 缺点

鼓式制动器的制动效能和散热性都要差许多，鼓式制动器的制动力稳定性差，在不同路面上制动力变化很大，不易于掌控。而由于散热性能差，在制动过程中会聚集大量的热量。制动块和轮鼓在高温影响下较易发生极为复杂的变形，容易产生制动衰退和振抖现象，引起制动效率下降。另外，鼓式制动器在使用一段时间后，要定期调校制动蹄的空隙，甚至要把整个制动鼓拆出清理累积在内的制动蹄片粉末。

任务 2　鼓式制动器的拆装与检查

本任务以桑塔纳2000轿车介绍鼓式制动器的拆装与检查。

（1）车辆进入工位前，学生将工位卫生清理干净，排除障碍物，准备好相关的工具、物品和耗材等。

（2）将车辆停放在举升机的中央位置，1号拉紧驻车制动装置，并将变速器置于空挡，3号分别将转向盘套、变速杆套、座椅套、地板垫递给1号进行安装和铺设。

（3）3号将一字螺丝刀递给1号，1号将车轮装饰罩拆下，并将车轮装饰罩和一字螺丝刀递给3号放好。

（4）3号将气动扳手（俗称风炮）或车轮专用套筒递给1号，2号辅助1号，1号拆卸前注意气动扳手的旋转方向，拆卸时一只手握紧气动扳手，另一只手护在要拆卸的螺母周围，防止螺母掉落（图7-6）。3号取下车轮，放在车轮专用车或架子上。

图7-6　拆卸车轮

如在整车上学习，从步骤1开始；如在台架上实习，从步骤5开始。

（5）准备拆卸制动鼓，在拆卸前要松开驻车制动（1号操作）才可以取出，3号将专用工具VW637/2递给1号（图7-7），1号用专用工具VW637/2拆下轮毂盖（图7-8），并将轮毂盖和专用工具VW637/2递给3号放好。

图7-7　3号将专用工具VW637/2递给1号

图7-8　拆卸轮毂盖

（6）3号将尖嘴钳递给1号，1号取下开口销（图7-9）和开槽螺母，旋下调整螺母，取出止推垫圈，3号将零件和工具放好。

图7-9　取下开口销

（7）3号将一字螺丝刀递给1号，1号用一字螺丝刀通过制动鼓螺孔向上拨动楔形块（图7-10），使制动蹄与制动鼓松开,并拉出制动鼓及其轴承,3号将零件和工具放好。

图7-10 拨动楔形块

(8)1号取下制动鼓,3号将尖嘴钳递给1号,1号用尖嘴钳子取下制动蹄定位销、弹簧和弹簧座,并将零部件和工具递给3号放好,如图7-11和图7-12所示。

图7-11 取下制动鼓

图7-12 取下制动蹄定位销、弹簧和弹簧座

(9)3号分别将专用工具VW637/2和鲤鱼钳递给1号,3号帮助1号按照图7-13所示,将制动蹄总成从支承凸台上拆下,1号用鲤鱼钳分离驻车制动拉索(图7-14),并分别将零部件和工具递给3号放好。

(10)3号将尖嘴钳递给1号,3号负责固定并辅助1号取下楔形件上的拉力弹簧和上拉力弹簧,如图7-15所示。

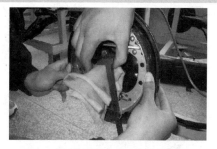

图7-13 制动蹄从支承凸台上分离

图7-14 分离驻车制动拉索

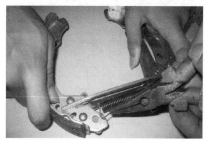

图7-15 取下上拉力弹簧

(11)1号卸下制动蹄并按照图7-16所示方法,分离压杆和拉力弹簧(或者采用如下方法:卸下制动蹄,将带压力杆的制动蹄卡在台虎钳上,拆下拉力弹簧,取下压杆。注意台虎钳是否有软金属作衬垫),并将零件递给3号放好。

图7-16 分离压杆和拉力弹簧

(12)1号检查摩擦片磨损是否超限(厚度标准为5mm,厚度极限为2.5mm);

检查制动鼓磨损是否超限（制动鼓内径标准为200mm，磨损极限为201mm，摩擦表面径向圆跳动为0.05mm，车轮端面圆跳动为0.20mm）；如果超限，应换用新件。

（13）后制动器的清洁和摩擦件的打磨。4号用抹布清洁所有零件表面，如图7-17和图7-18所示。

图7-17 清洁制动蹄表面

图7-18 清洁制动底板

4号用细砂纸打磨摩擦表面，如图7-19和图7-20所示。

图7-19 打磨制动蹄

图7-20 打磨制动鼓

（14）各零件如没有损伤（检修可参见相应的内容），装复或更换步骤按拆卸的相反顺序进行。安装时，制动器楔形块上凸点朝向制动底板的方向，轴承要润滑（由4号进行润滑，如图7-21和图7-22所示），零件表面、工具和操作台要清洁。

图7-21 润滑内轴承

图7-22 润滑外轴承

（15）踩制动踏板数次。让制动器回到正常工作状态。

 作业安全

在进行作业时，经常使用到举升机，尤其要注意其安全。

（1）举升机操作机构应灵敏，液压系统、气压系统和电动机正常工作。

（2）车辆应停放合适，支撑垫块在车辆底盘合适的支撑位置。

（3）举升时，车辆周围应无人员和其他障碍物。

（4）举升要平稳，两侧平板高度一致，否则，立即停止操作，及时检查维修。

（5）举升到需要高度时，必须锁止，并确保安全可靠，方可进行底盘作业。

（6）举升高度不能超过举升机举升极限。

项目八

驻车制动器的检查与调整

知识点

1. 驻车制动器的主要部件及工作原理；
2. 驻车制动器的检查调整。

技能点

1. 检查驻车制动器行程；
2. 调成驻车制动器行程。

参考学时及教学组织安排

本项目总学时为6学时，其中：理论教学为2学时，示范为1学时，学生练习为3学时。

教学时可以采用工艺化教学法，2名学生为一组，按照1、2进行编号，1号负责驾驶室内操作，2号负责副驾驶室操作。练习完一遍后，2名学生职责奕换。

教师讲解并示范操作步骤和注意事项，适时下达操作指令，并进行工位间巡视、检查、指导和纠正错误。

项目实施所需设备、器材

丰田卡罗拉汽车

气动扳手及气源

制动液

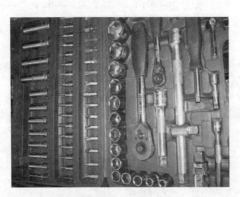
常用工具套筒扳手

举升机

任务 1　驻车制动器的认知

一　驻车制动器的功用

驻车制动器的功用是汽车停驶后防止滑溜；便于上坡起步；行车制动失效后临时使用或配合行车制动进行紧急制动。其位置如图8-1所示。

图8-1　驻车制动器位置

二　驻车制动器的类型及工作原理

驻车制动器的结构基本等同于行车制动器，也是由制动器（图8-2）和制动传动机构（图8-3）两部分组成。制动器有中央制动器（图8-4）和复合制动器（图8-5）两种类型。传动机构有机械式（图8-6）、液压式（图8-7）和气压式（图8-8）。

图8-2　制动器

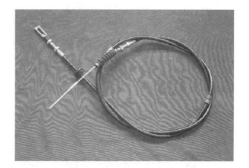

图8-3　制动传动机构——拉索

图8-4　中央制动器

图8-5　复合制动器

图8-6　机械式制动传动机构

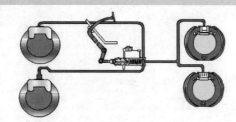

图8-7 液压式制动传动机构

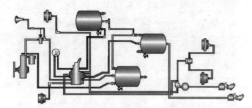

图8-8 气压式制动传动机构

多数汽车的驻车制动器安装在变速器或分动器之后,也有少数装在主减速器主动轴的前端。因为其基本处在汽车中央的位置,所以这类制动装置又称中央制动器。中央制动器多采用蹄鼓式制动器,它可采用高制动效能的自动增力式制动器,其外廓尺寸小,易于调整,防泥沙性能好,停车后没有制动热负荷,因而得到广泛应用。有的汽车由于底盘结构空间的限制或前轮驱动的原因,在后轮制动器中加装必要的机构,使之兼做驻车制动器,即为复合驻车制动器,但是传动机构是相互独立的。复合制动器有强力弹簧式和车轮制动式两种。目前重型载货汽车普遍采用中央制动器,而小客车则较多采用复合驻车制动器。

（1）中央驻车制动器。中央驻车制动器按照制动器的类型又可分为增力式中央驻车制动器和凸轮张开式中央驻车制动器。

①增力式中央驻车制动器。解放CA1092驻车制动器为自增力鼓式制动机构（图8-9）。制动鼓工作直径为254mm,蹄片宽度为75mm,装在变速器之后,传动轴之前。它主要由机械式拉杆操纵机构及驻车制动器等组成。

②凸轮张开式中央制动器（图8-10）。东风EQ1092型汽车驻车制动器采用的就是凸轮张开式中央制动装置,该驻车制动器与CA1092型汽车驻车制动器均为凸轮张开鼓式制动器,基本结构、拆装和维修方法基本相同。区别在于两制动蹄下端支撑方式不一样。

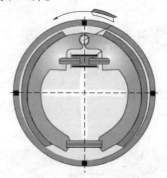

图8-9 增力式中央驻车制动器

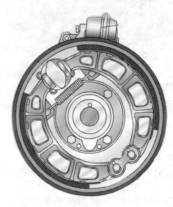

图8-10 凸轮张开式中央制动器

（2）车轮制动式驻车制动器。车轮制动式驻车制动器是在后桥车轮制动器中,加装有必要的机构,使之兼做驻车制动器。目前多用于小客车上,它的驻车制动器与后车轮制动器共用,操纵机构独立,并由拉索驱动,如图8-11所示。

图8-11 车轮制动式驻车制动器

三、常见轿车驻车制动装置结构

1 桑塔纳2000驻车制动装置

驻车制动装置主要由驻车制动杆、驻车制动器操作拉杆、制动拉索及后轮制动器中的驻车制动拉杆等组成,如图8-12所示。它作用于后轮,主要是在坡路或平路上停车时使用或在紧迫情况下作紧急制动。

该装置为机械式,当把驻车制动杆向上拉起时,驻车操纵拉杆、调整拉杆将驻车制动拉索拉紧。由于制动拉索的夹子套在后制动器内制动杆的下端钩槽内,这样制动杆就绕销轴顺时针旋转,并推动压力杆向左移动,从而使左右制动蹄向外张开,压紧制动鼓筒内表面,实现驻车制动。

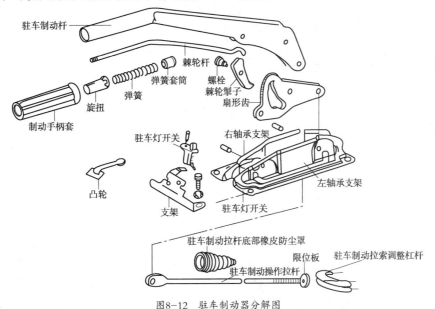

图8-12 驻车制动器分解图

2 丰田卡罗拉驻车制动传动机构(图8-13)

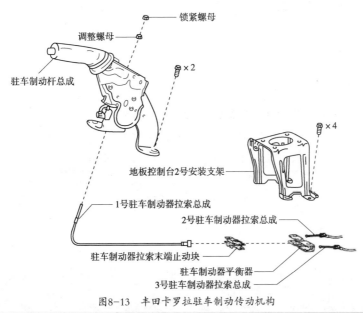

图8-13 丰田卡罗拉驻车制动传动机构

③ 东风驻车制动装置（图8-14、图8-15）

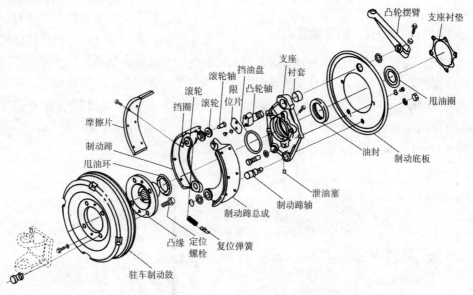

图8-14　东风QE1092型驻车制动器分解图

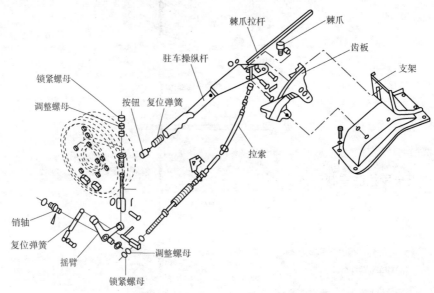

图8-15　东风EQ1092型驻车制动操纵机构

任务 2 驻车制动器的检查与调整

一 检查驻车制动器操纵手柄行程（以丰田卡罗拉为例）

（1）用手拉住驻车制动器操纵手柄（图8-16）。

图8-16 拉住驻车制动器操纵手柄

（2）松开驻车制动器锁（图8-17），并将驻车制动器操纵手柄放回到关闭位置（图8-18）。

图8-17 松开驻车制动器锁

图8-18 将驻车制动器操作手柄放回到关闭位置

注意

松开驻车制动器锁时要先往上拉驻车制动，然后按下驻车制动器锁，否则很难按下。

（3）缓慢将驻车制动器操纵手柄向上拉到底，并计算"咔嗒"声的次数（图8-19）。

图8-19 缓慢拉驻车制动器操作手柄

（4）标准驻车制动器操纵手柄行程：200N时为6~9个槽口。

二 调整驻车制动器操作手柄行程

注意

在执行驻车制动器调整之前，确保制动管路已放气且不再含有空气。（放空气内容在项目一中已有介绍）

1 准备工作

（1）工具、台架或整车。
（2）2人一组，分别负责左右两侧。
（3）完全松开驻车制动杠杆。

2 拆装步骤

（1）拆下仪表板左右装饰板（卡

子）（拆卸时注意卡子的方向，不可使用蛮力硬拉，或者用锤子和螺丝刀等工具大力拆卸，防止卡子折断），如图8-20和图8-21所示。

图8-20 拆卸仪表板左右装饰板

图8-21 拆下仪表板左右装饰板

（2）拆下仪表盒总成（2个梅花螺钉和卡子），如图8-22所示。

（3）拆下变速杆把手分总成（逆时针旋转），如图8-23所示。

图8-22 拆下仪表盒总成

（4）拆下中央仪表组装饰板总成（卡子），如图8-24所示。

（5）拆下前1、2号地板控制台嵌入件、地板控制台上面板分总成（卡子），如图8-25所示。

图8-23 拆下变速杆把手分总成

图8-24 拆下中央仪表组装饰板总成

图8-25 拆下地板控制台上面板分总成

（6）取下地板控制台毡垫，拆卸地板控制台后，取下地板控制台总成（4个10号螺栓、2个梅花螺钉和卡子），如图8-26和图8-27所示。

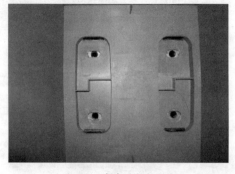

图8-26 拆卸地板控制台

图8-27 取下地板控制台总成

（7）松开锁紧螺母（10号开口扳手和梅花扳手配合，开口扳手固定调整螺母，梅花扳手松开锁紧螺母），如图8-28所示。

图8-28 松开锁紧螺母

（8）旋转调整螺母使驻车制动器操纵手柄行程修正至规定范围内（驻车制动器操纵手柄行程：200N（20kgf,45Lbf）时为6~9个槽口），需多次试验，如图8-29所示。

图8-29 旋转调整螺母

（9）旋紧锁紧螺母（方法同松开锁紧螺母），力矩：6.0N·m（61kgf·cm，53Lbf·in），如图8-30所示。

图8-30 旋紧锁紧螺母

（10）发动机停机时，完全踩下制动踏板3~5次。

（11）操作驻车制动器操纵手柄3~4次，并检查驻车制动器操作手柄行程。

（12）检查驻车制动是否卡滞，如图8-31所示。

图8-31 检查驻车制动是否卡滞

（13）将驻车制动器操纵手柄行程调整之规定范围后，按相反顺序将零件逐一安装。

三 其他相关部件介绍

（1）驻车制动器平衡器，如图8-32所示。

图8-32 驻车制动器平衡器

103

（2）驻车制动开关总成，如图8-33所示，作用：始终在拉起驻车制动至第一个槽口时，制动灯点亮。

图8-34 连接件

图8-33 驻车制动开关总成

（3）驻车制动拉索与制动器连接件，如图8-34所示。

（4）松开驻车制动杆，检查并确认后盘式制动器制动缸操作杆和挡块之间的间隙在规定范围内，如图8-35所示，间隙：0.5mm或更小。

图8-35 制动缸操作杆和挡块之间的间隙

知识链接：电子驻车制动系统

电子驻车制动系统英文缩写为EPB（Electrical Park Brake）。EPB通过内置在其电脑中的纵向加速度传感器来测算坡度，从而算出车辆在斜坡上由于重力而产生的下滑力，电脑通过电机对后轮施加制动力来平衡下滑力，使车辆能停在斜坡上。当车辆起步时，电脑通过离合器踏板上的位移传感器以及节气门的大小来测算需要施加的制动力，同时通过高速CAN与发动机电脑通信来获知发动机牵引力的大小。电脑自动计算发动机牵引力的增加，相应地减少制动力。当牵引力足够克服下滑力时，电脑驱动电机解除制动，从而实现车辆顺畅起步。

该系统可以保证车辆在30%的斜坡上稳定驻车。另外该系统自动实现热补偿，即如果车辆经过强制动后驻车，后制动盘会因为温度下降与摩擦片产生间隙，此时电机会自动启动，驱动压紧螺母来补偿温度下降产生的间隙，保证可靠的驻车效果。

电子驻车制动系统展现给我们的就是取代传统驻车制动拉杆手刹的电子驻车制动按钮。比传统的驻车制动拉杆更安全，不会因驾驶人的力度而改变制动效果，把传统的驻车制动拉杆变成了一个触手可及的按钮。

项目九

制动液的检查、添加与更换

知识点

1. 掌握汽车液压制动系统的基本结构、工作原理以及液压制动回路；
2. 了解制动液的基本特性，掌握制动液的处理方法；
3. 掌握制动液的检查及添加方法；
4. 掌握更换制动液的方法。

技能点

1. 能正确、熟练进行制动液的检查及添加；
2. 能熟练进行制动液更换。

参考学时及教学组织安排

　　本项目总学时为12学时，其中理论教学为3学时，示范学时为2学时，学生练习为7学时。

　　本项目可以采用任务驱动教学法进行教学。理论教学建议借助多媒体手段针对实车进行讲解，使学生掌握液压制动系统的基本结构、工作原理。

　　实践教学时，老师可以现场示范，也可以利用视频进行示范。根据实训设备的台套数，学生分组进行。老师适时讲解并进行工位间巡视、检查、指导和纠正错误。注意举升机的安全使用。

项目实施所需设备、器材

丰田卡罗拉汽车

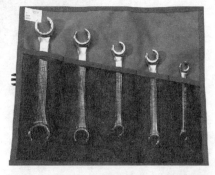
油管扳手

手电筒（检查制动液泄漏或液面高度）

制动液收集器（排放制动液或空气）

丰田专用制动液（DOT3）

翼子板布

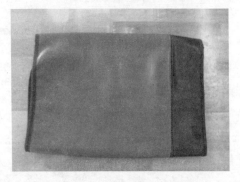
前格栅布

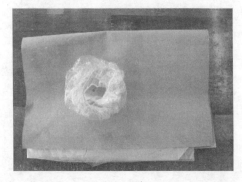
车内4件套

任务 1 液压制动系统的认知

一、液压制动系统的基本结构

液压制动系统主要由能量供应装置、传输装置、制动力调节装置和车轮制动器组成。

车轮制动器主要由旋转部分、固定部分和调整机构组成。旋转部分是制动鼓；固定部分包括制动蹄和制动底板；调整机构由偏心支承销和调整凸轮组成，用于调整蹄鼓间隙。

液压传动机构主要由制动主缸、制动轮缸、管路和制动液组成，如图9-1所示。

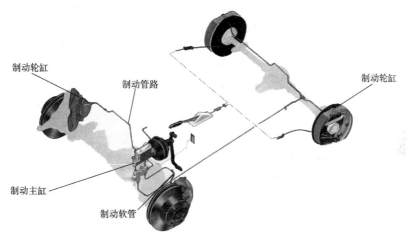

图9-1 液压传动机构的组成

二、液压制动系统的工作原理

（1）制动系统不工作时，制动摩擦片与制动盘之间有间隙，车轮和制动盘可一起自由旋转。

（2）制动时，使脚踏下制动踏板通过推杆和主缸活塞，使主缸油液在一定压力下流入轮缸，并通过制动卡钳上的轮缸活塞推使制动摩擦片向制动盘一侧移动，同时制动卡钳反方向移动，使得内外两块摩擦片压紧在制动盘上，产生摩擦力矩。制动盘的转动受到阻力，从而产生制动力，如图9-2所示。

（3）解除制动：当放开制动踏板时，内外两块制动蹄返回原位，制动力消失。

三、液压制动回路

液压制动回路就是连接制动主缸与各个车轮制动轮缸的制动管路的布置形式。常见的液压制动回路有单回路和双回路。

1. 单回路液压制动管路

单回路液压制动管路是最简单的液压制动回路，同时也是最危险的。如果在该制动回路中发生泄漏，则车辆所有制动器都丧失制动能力，如图9-3所示。

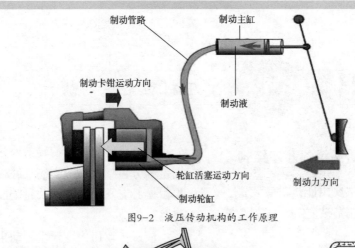

图9-2 液压传动机构的工作原理

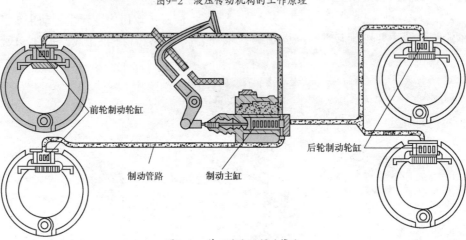

图9-3 单回路液压制动管路

2 双回路液压制动管路

双回路液压制动管路的优点是每个制动回路都拥有各自独立的液压体系，即便一个回路出现了故障，另一个回路也能保持最低限度的制动效能。

常见类型有：前后分开双液压回路（图9-4）和交叉双液压回路（图9-5）。

在前后分开双液压回路中，当一套管路失效时，另一套管路仍能保持低于正常时50%的制动效能。而在同样的情况下，交叉双液压回路则可以保持正常时50%的制动效能。

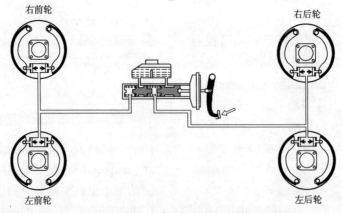

图9-4 前后分开双液压回路

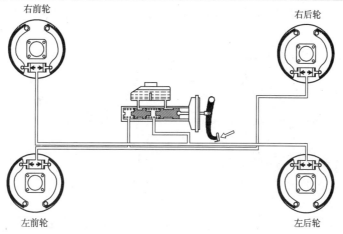

图9-5 交叉双液压回路

 知识链接：气压制动系统的结构和工作过程

气压制动以压缩空气为制动源，制动踏板控制压缩空气进入车轮制动器，所以气压制动最大的优势是操纵轻便，提供大的制动力矩；气压制动的另一个优势是对长轴距、多轴和拖带半挂车、挂车等，实现异步分配制动有独特的优越性。

但是气压制动的缺点也很明显：相对于液压制动，气压制动结构要复杂得多；且制动不如液压式柔和、行驶舒适性差；所以气压制动因而一般只用于中、重型汽车上。

气压制动系统的结构

气压制动传动装置由能源和控制装置两部分组成。能源部分包括空气压缩机、调压装置、双针气压表、前后桥储气筒、气压过低报警装置、油水放出阀和取气阀、安全阀等部件。控制装置包括制动踏板、拉杆、双腔控制阀、快放阀继动阀等，如图9-6所示。

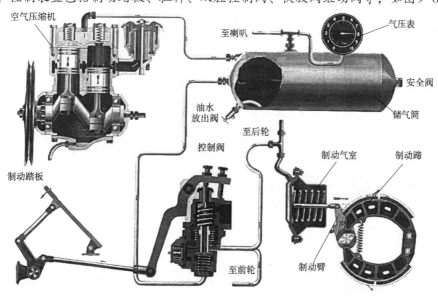

图9-6 气压制动系统的结构

项目九 制动液的检查、添加与更换

（1）空气压缩机：空气压缩机由发动机通过皮带驱动，产生压缩空气，向储气筒充气。

（2）储气筒：储存空气压缩机产生的气体，在制动时提供足够的压缩空气。

（3）制动控制阀：在气压制动中，驾驶员踩制动踏板时控制的是制动控制阀，由制动控制阀控制进入制动气室的气压。

（4）制动气室：制动气室安装在车轮制动器旁，当压缩空气进入制动气室时，推动制动气室的膜片移动，从而控制车轮制动器，实现制动。

（5）车轮制动器：所有国产汽车及部分外国汽车的气压制动系统中，都采用凸轮促动的车轮制动器，而且大多设计成领从蹄式。制动时，制动调整臂在制动气室的推杆作用下，带动凸轮轴转动，使得两制动蹄压靠到制动鼓上而制动。由于凸轮轮廓的中心对称性及两蹄结构和安装的轴对称性，凸轮转动所引起的两蹄上相应点的位移必然相等。

❷ 气压制动系统的工作过程

由发动机驱动的空气压缩机将压缩空气经单向阀首先输入湿储气罐，压缩空气在湿输气管内冷却并进行油水分离之后，分成两个回路：一个回路经储气筒、双腔制动阀的中腔通向后制动气室；另一个回路经储气筒、双腔制动阀的下腔通往前制动气室。当其中一个回路发生故障失效时，另一个回路仍能继续工作，以保证汽车具有一定的制动能力，从而提高了汽车行驶的安全性。

当踏下制动踏板，拉杆拉动制动控制阀使之工作，前、后储气筒的压缩空气便分别通过制动控制阀的两个腔调节后，进入前、后轮制动气室，使前、后轮制动。与此同时，通过前、后制动回路之间并联的双通单向阀接挂车制动控制阀，将湿储气筒与通向挂车的通路切断，使挂车进行放气制动。

任务 2　制动液的检查和添加

一　制动液

制动液，俗称刹车油，是汽车液压制动系统中传递制动压力的液态介质。

制动液用于汽车液压制动系统中，当液体受到压力时，便会快速而均匀地把压力传送到液体的各个部分，液压制动系统就是利用这个原理进行工作的。

制动液的优劣直接影响汽车行驶中的安全。

1 制动液的性能要求

对制动液的性能要求是：
（1）沸点较高；
（2）耐寒性较强；
（3）压缩性较小；
（4）针对制动系统内的所有金属部件具有防腐性；
（5）润滑特性充足；
（6）与制动系统内使用的所有橡胶部件、弹性体相容。

2 制动液的规格

制动液是非矿物油系，是以聚二醇为基础和乙二醇及乙二醇衍生物为主的醇醚型合成制动液，再加润滑剂、稀释剂、防锈剂、橡胶抑制剂等调和而成。

这种常用的制动液吸湿性较强。制动系统虽然进不了水分，但制动液使用一段时间以后会吸收相当的水分。制动液中水分越多，沸点越低。为了保证行车安全，制动液应定期更换，一般2年需更换一次。

制动液如机油一样，也有等级之分。目前常见的有DOT3（图9-7）、DOT4（图9-8）、DOT5（图9-9）。

　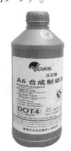

图9-7　DOT3　　图9-8　DOT4

图9-9　DOT5

DOT是美国汽车安全标准规定标称，其数字越大，级别越高。DOT3与DOT4的不同之处主要在于沸点不同，DOT4比DOT3更耐高温。制动液的性能指标见表9-1。

表9-1　制动液性能指标

工作情况	DOT3	DOT4
干沸点	205℃以上	230℃以上
湿沸点	140℃以上	155℃以上

干沸点：是指制动液的沸腾温度，此温度越高越好。

湿沸点：是指吸入或者加入一定量的水分后测得的平衡回流沸点，它是衡量制动液吸收一定水分后的耐高温性能。湿平衡回流沸点越高，在使用中耐高温性能越好。

日本、美国车辆广泛使用制动液是DOT3和DOT4，并且使用DOT4的制动液会越来越多；欧洲车主要使用DOT4和超级DOT4，已经少使用DOT3；在德国，几乎全部使用DOT4、超级DOT4，部分车辆开始使用DOT5.1制动液。

不同类型、不同等级的制动液都不能混用，以免相互间产生化学反应，影响制动效果。

3 制动液储液罐液面高度

制动液液面必须达到标准，一般应处于储液罐最高与最低两标记之间，如图9-10所示。正确的液面高度应在储液罐的上限（MAX）和下限（MIN）标线之间。若制动液液面过低，应向储液罐内加入制动液至上限位置。若行驶中制动液液面过低报警灯（图9-11）发亮时，应立即添加制动液。

图9-10 制动液储液罐液面高度

图9-11 制动液液位报警灯（丰田卡罗拉汽车）

4 制动液缺少的原因

随着车辆的使用，制动主缸储液罐会发生制动液缺少现象，主要原因如下。

（1）正常挥发，导致制动液缺少。

（2）制动摩擦材料的磨损，导致液压管路中制动液量的增加。现代汽车都装有摩擦片自动调整机构，该机构可自动调整片与盘之间的间隙。因此，在使用过程中，制动液液面可能略有下降，这种情况属于正常现象。

（3）制动管路发生泄漏，导致制动液缺少。若短期内液面明显下降或降至最低标志以下，则表明制动系统内出现泄漏，此时，应立即进行检修，万不可凑合或拖延。导致制动液泄漏的原因有很多，如管路老化，以及制动轮缸、制动主缸、分配阀、储液灌等处泄漏。

二 制动液的检查

（1）将车辆停放在水平路面上。

（2）打开发动机罩，并正确支撑，如图9-12所示。

图9-12 打开发动机罩

（3）安装前格栅布（图9-13）。

图9-13 安装前格栅布

（4）使用工作灯或手电筒，检查制动主缸储液罐内制动液液面高度是否在上限（MAX）和下限（MIN）标线之间，如图9-14和图9-15所示。

图9-14 检查制动液液面高度

图9-15 制动液液面高度的正常范围

三 制动液添加

制动液添加的前提条件：经检查发现制动主缸储液罐内制动液液面高度明显低于上限（MAX）标线。

1 检查制动液泄漏

（1）检查制动主缸及制动管、软管是否有泄漏，如图9-16所示。

图9-16 检查制动主缸及管路

（2）检查制动防抱死系统（ABS）是否有泄漏，如图9-17所示。

图9-17 检查ABS系统管路

（3）操作举升机，将车辆举升至高位，如图9-18所示。

图9-18 将车辆举升至高位

注意

举升前，必须检查车辆在举升机上停放的稳定性。

（4）检查底盘的制动管路是否有泄漏，如图9-19所示。

图9-19 检查底盘的制动管路

（5）检查前轮制动轮缸、后轮制动轮缸及管路是否有泄漏，如图9-20和图9-21所示。

图9-20 检查前、后轮制动轮缸和管路

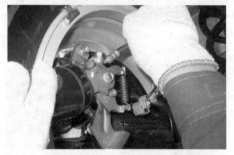

图9-21 检查后轮制动轮缸和管路

2 添加制动液

（1）打开制动主缸储液罐的密封盖，如图9-22所示。

图9-22 打开储液罐的密封盖

（2）添加制动液，如图9-23所示。

图9-23 添加制动液

（3）确认制动液量未超过上限（MAX）标线。

（4）迅速盖上制动主缸储液罐的密封盖。

注意

制动液具有较强的吸湿性，长时间打开储液罐的密封盖，会导致制动液变质。

3 整理作业工位

（1）将前格栅布收回，关闭发动机罩。

（2）垃圾分类。

（3）清洁、整理工具车和工作台，如图9-24所示。

图9-24 清洁、整理工具车和工作台

（4）清洁车辆、场地，如图9-25和图9-26所示。

图9-25 清洁车辆

图9-26 清洁场地

任务 3 制动液的更换

一、为什么要更换制动液

1. 制动液在使用中易变质

车辆制动时，会有大量的热量传给制动液，长期处于这种高温条件下，制动液发生氧化变质，失去原有性能，这是无法避免的，严重时会导致液压制动系统制动能力下降与丧失。

制动液色泽慢慢地变化，就是制动液在变质，如图9-27所示。

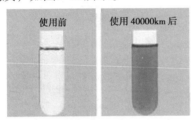

图9-27 使用前后的制动液对比

2. 制动液的吸湿性

制动液具有较强的吸湿性，吸纳周围环境中的水分。

随着时间的推移，在制动液中积累的水分越来越多，沸点越来越低。如再遭遇频繁制动，制动液温度上升，很可能会导致制动液沸腾，并产生气泡。另一方面，制动液中的水分会对制动主缸、轮缸的缸体和活塞造成腐蚀，造成主缸泄漏、轮缸咬死。

因此，应避免制动液长时间暴露在空气中，及时盖上制动储液罐密封盖。

3. 制动液的腐蚀性

制动液是腐蚀性液体，严禁接触人体和汽车漆面，如果接触必须即刻清洗干净。

4. 制动液更换周期

汽车生产厂家对制动液更换周期都有规定，一般为2年或车辆行驶4万km。

二、制动液的处理

1. 脂溶性

由于特性相近，制动液和矿物油产品很容易混淆。制动液不允许接触油脂和机油。处理制动液前必须除去手上的油脂和机油。此外还应避免油脂进入制动系统内。

2. 腐蚀性

制动液接触到喷漆表面时，必须立即用水冲洗相关部位，因为制动液会腐蚀油漆。

切勿仅仅用抹布擦拭这些部位！

3. 毒性

制动液接触到皮肤时，必须立即用水和肥皂清洗相关部位。如果进入眼睛，则需用清水进行冲洗。无意间吞食制动液时，应立即催吐并马上到附近医院就诊。

绝对不能将制动液倒入或保存在饮料瓶中。误食后会有中毒甚至危及生命！

④ 环境污染

用过的制动液不允许作为垃圾或废油处理，也不允许倒入河流沟渠内。它属于特殊垃圾清除法规的规定范围，需与其他废油分开送至附近的特殊垃圾收集处。

三、更换制动液的方法

常见的制动液更换方法有以下两种。

① 人工更换

需要多人配合，无须添置特殊设备，但人员之间的配合很重要，效率较低，是综合性修理厂常用方法。

② 使用制动液充放机更换

只需一个人就可操作，效率较高，操作方便，是汽车4S店常用的方法。

制动液充放机使用时，应在罐体内加入足够的制动液。先打开制动储液罐盖，选择合适的密封盖旋在制动储液罐上，连接液压软管，如图9-28所示。打开设备电源，通过内置电动机，驱动液压泵，使制动液产生压力，并加注至储液罐内，压力一般应调节至2bar，如图9-29所示。

举升车辆，排放各制动分泵内的制动液。排放要求：管路中无空气，同时旧制动液已排干净。

排放顺序为：右后轮—左后轮—右前轮—左前轮。

图9-28 连接制动储液罐

图9-29 制动液充放机的使用

四、更换制动液

① 分工安排

要想顺利完成本任务，需3名同学进行配合，如图9-30所示。

图9-30 1号、2号、3号同学的作业位置

（1）1号同学在车内负责踩制动踏板。

（2）2号同学在车下负责放出制动液。

（3）3号同学负责向制动储液罐内添加制动液。

② 具体操作步骤

（1）1号同学进入驾驶室内，检查挡位杆在P位置，起动发动机。

（2）2号同学打开发动机舱盖，安装前格栅布，如图9-13所示。

（3）3号同学打开制动主缸储液罐的密封盖，并准备好新的制动液。

（4）2号同学操作举升机，将车辆举

升至中位，如图9-31所示。

图9-31　将车辆举升至中位

注意

举升前，必须检查车辆在举升机上停放的稳定性。

（5）2号同学在右后制动分泵放气阀安装一个制动液收集器，如图9-32所示。

图9-32　将制动液收集器安装到左前制动轮缸

（6）1号同学连续、充分踩下制动踏板（5次左右），应能感觉到踏板明显变硬，将踏板踩到底并保持；通过鸣笛或口头提醒2号同学，如图9-33所示。

图9-33　起动发动机，连续踩下制动踏板

（7）2号同学使用工具（8号和10号油管扳手）拧松制动分泵的放气阀，排放制动液，如图9-34所示；排放结束后，将放气阀拧紧。完成操作后，并告知1号同学。

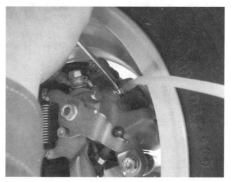

图9-34　拧松制动分泵的放气阀

注意

1号、2号两同学的配合非常重要：制动踏板未踩住，不得拧松放气阀；放气阀未拧紧，不得松开制动踏板。

（8）3号同学观察制动储液罐内制动液液面高度。当液面偏低时，及时加注适量新制动液，如图9-35所示。

图9-35　加注新制动液

（9）1号、2号、3号同学相互配合，不断重复步骤（6）（7）（8），直到管路中无空气，同时该管路中制动液颜色发生明显变化，表明旧制动液已排净，如

图9-36所示。结束右后轮制动液更换。

洁溅在轮胎、车身以及皮肤上的制动液。

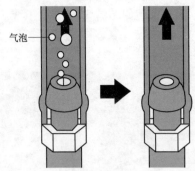

图9-36 排放空气的要求

图9-37 检查放气阀是否拧紧

（10）1号、2号、3号同学继续配合，按顺序完成左后轮、右前轮、左前轮制动液的排放。

（4）3号同学补充制动液时，液量不得超过上限（MAX）刻线，并拧紧制动储液罐盖。

五 制动液更换后检查

（1）2号同学检查四个放气阀是否存在泄漏现象，同时使用油管扳手检查放气阀是否拧紧，如图9-37所示。

（2）装好放气阀防尘套。

（3）残余制动液的清洁：用清水清

六 整理作业工位

（1）收回前格栅布，关闭发动机舱盖。

（2）垃圾分类。

（3）清洁、整理工具车、工作台。

（4）清洁车辆、场地。

项目十

制动助力器、制动主缸和轮缸的更换

知识点

1. 掌握汽车制动助力器、制动主缸和轮缸的基本结构及工作原理;
2. 掌握更换制动主缸的正确方法和步骤要领;
3. 掌握更换制动轮缸的正确方法和步骤要领。

技能点

1. 能正确、熟练进行更换制动主缸作业;
2. 能正确、熟练进行更换制动轮缸作业;
3. 能正确、熟练进行制动系统的空气排放。

参考学时及教学组织安排

  本项目总学时为13学时,其中理论教学为2学时,示范学时为3学时,学生练习为8学时。

  本项目可以采用任务驱动教学法进行教学。理论教学建议注重借助多媒体手段针对实车进行讲解,使学生掌握制动助力器、制动主缸、制动轮缸的结构和工作原理。

  实践教学时,老师可以现场示范,也可以利用视频进行示范。根据实训设备的台套数，学生分组进行。老师适时讲解并进行工位间巡视、检查、指导和纠正错误。注意举升机的安全使用。

 项目实施所需设备、器材

丰田卡罗拉汽车

气动扳手、21号套筒（拆卸轮胎螺母）

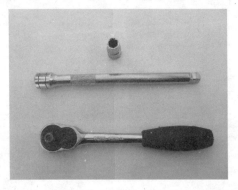

棘轮扳手、短接杆和14号套筒（拆装制动主缸螺母）

中扭力扳手和14号套筒（紧固制动轮缸螺栓、油管螺栓）

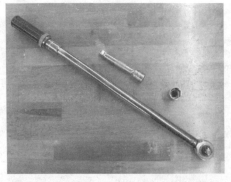

大扭力扳手、短接杆和21号套筒（紧固轮胎螺母）

制动液吸取器（吸取储液罐内制动液）

手电筒（检查制动液泄漏或液面高度）

制动液收集器（排放制动液或空气）

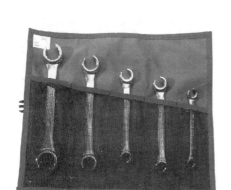

油管扳手

前格栅布

翼子板布

车内4件套

项目十 制动助力器、制动主缸和轮缸的更换

任务 1 制动助力器、制动主缸和轮缸的认知

一、制动助力器

为了提高汽车的制动效能，减轻驾驶员的劳动强度，采用液压制动传动机构的汽车多数装有制动助力装置。

根据制动助力装置的力源不同，可分为真空助力器和液压助力器。

小客车都采用真空助力器。

1. 真空助力器的结构

真空助力器安装在驾驶室前面的发动机隔板上，即制动踏板和制动主缸之间，如图10-1所示。利用发动机工作时进气管的负压，吸引橡胶膜片，并由此产生吸引力推动制动主缸的活塞。由于该助力的存在，使踩下制动踏板更加轻便。

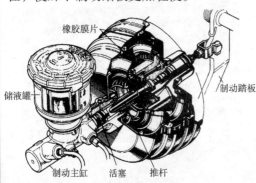

图10-1 真空助力器的安装位置

橡胶膜片将空气室和真空室隔离，真空室与发动机进气管相通。复位弹簧安装在真空室的推杆上和推杆一起运动。橡胶阀门与在膜片座上加工出来的阀座组成真空阀，同时与控制阀柱塞的空气阀座组成空气阀。真空阀连接空气室和真空室，空气阀连接空气室和与外界空气，如图10-2所示。

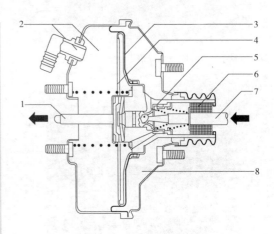

图10-2 真空助力器的结构

1-推杆（送往串联主缸的输出力）；2-带真空接头的真空室；3-膜片；4-工作活塞；5-双阀（空气阀、真空阀）；6-空气滤清器；7-活塞杆（脚踏力）；8-工作室

真空阀打开，空气室和真空室互通；真空阀关闭，空气室和真空室隔离。

空气阀打开，外界空气进入空气室；空气阀关闭，空气室和外界空气隔离。

2. 真空助力器工作情况

（1）真空助力器不工作时：处于静止位置时，双阀（空气阀、真空阀）关闭。真空室与工作室内的真空压力相同。活塞弹簧将工作活塞保持在静止位置，如图10-3a）所示。

（2）踩下制动踏板：双阀根据脚踏力的大小相应打开，大气压力进入右室内。由于真空室与工作室之间存在压力差，最大的助力就作用到工作活塞和推杆上并支持驾驶员的脚踏力，达到助力的效果，如图10-3b）所示。

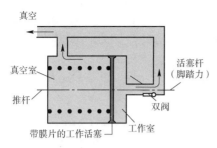

a) 真空助力器不工作

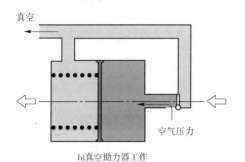

b) 真空助力器工作

图10-3 真空助力器工作情况图

（3）松开制动踏板：制动踏板推杆也往回移动，工作活塞在活塞弹簧的作用下恢复到初始位置，双阀关闭，使真空室与工作室相通。真空室与工作室内的空气被吸入发动机进气管，再次产生真空，为下一次助力做好准备。

二、制动主缸

1. 制动主缸的结构

制动主缸的作用是将驾驶员作用在制动踏板上的机械能转换成液压能，从而液压能通过管路再输给制动轮缸。

目前，制动主缸都采用双腔式，如图10-4所示。制动主缸有两个相互独立的腔：前腔与后轮制动器相连；后腔与前轮制动器相通。

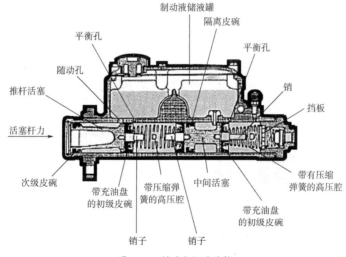

图10-4 制动主缸的结构

2. 制动主缸的工作原理

（1）静止位置。

处于静止位置时，初级皮碗未挡住平衡孔，补液罐与高压腔连通。因此，可以确保制动液在受热和冷却时的平衡，如图10-5所示。

（2）制动位置。

推杆活塞被推动时，中间活塞同时也被预张紧的弹簧推动。在两个活塞的初级皮碗越过平衡孔的瞬间，在两个高压腔中开始建立压力，如图10-6所示。

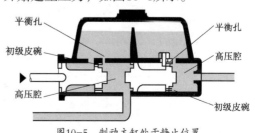

图10-5 制动主缸处于静止位置

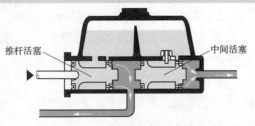

图10-6 制动主缸处于制动位置

（3）推杆活塞制动回路失灵。

如果在推杆活塞制动回路中出现泄漏点，则踩下制动踏板时在高压腔中不能建立压力。推杆活塞就会以机械方式作用到中间活塞上，该活塞在中间活塞制动回路中建立压力，如图10-7所示。

漏点，中间活塞就会被推杆活塞产生的压力推至限位位置，从而使功能正常的制动回路与故障的制动回路分隔开。推杆活塞制动回路仍然正常工作，如图10-8所示。

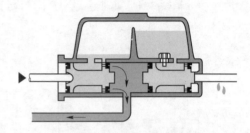

图10-8 中间活塞制动回路失灵

③ 液位传感器

在储液罐内必须充装有适量的制动液。

在储液罐盖上设置有液面位置传感器，如图10-9所示。

当储液罐中的制动液液面低于下限刻度时，就会自动开启报警开关，使仪表台上报警灯点亮，如图10-10所示。

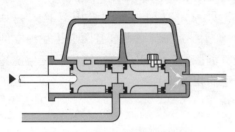

图10-7 推杆活塞制动回路失灵

（4）中间活塞制动回路失灵。

如果在中间活塞制动回路中出现泄

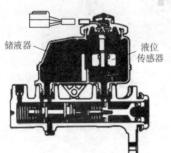

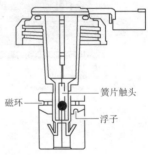

图10-9 液位传感器

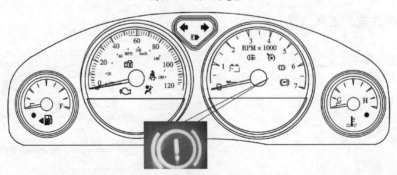

图10-10 制动液位警告灯

三、制动轮缸

制动轮缸的作用是将制动油压转变为使制动摩擦片定向移动的动力。

常见形式有单活塞式、双活塞式两种。

1 制动轮缸的结构

（1）单活塞式制动轮缸，如图10-11所示。

（2）双活塞式制动轮缸，如图10-12所示。

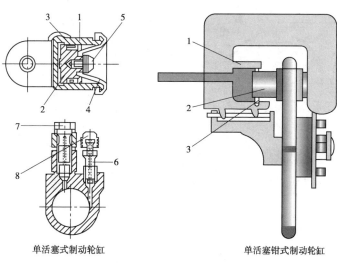

图10-11　单活塞制动轮缸结构图

1—轮缸缸体；2—轮缸活塞；3—皮碗；4—防护罩；5—调整螺钉；6—放气螺钉；7—进油管接头；8—橡胶护罩

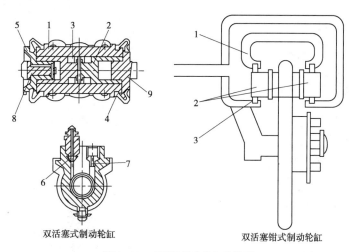

图10-12　双活塞制动轮缸结构图

1—轮缸缸体；2—轮缸活塞；3—皮碗；4—防护罩；5—调整轮；6—放气螺钉；7—进油管接头；8—顶块；9—支承盖

轮缸缸体上有放气螺栓，能够将液压制动系统内混入的空气排出，以保证制动灵敏可靠。

2 工作过程

制动时，高压制动液进入两活塞间油

腔,轮缸活塞在制动压力作用下,沿着缸体向两侧移动,进而推动制动蹄张开,实现制动,如图10-13所示。

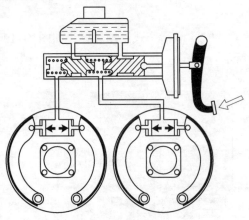

图10-13 制动轮缸结构图

3. 鼓式制动器与盘式制动器的比较

鼓式制动器有良好的"自刹"作用,由于制动时制动蹄片向外张开,车轮旋转连带着外张的制动蹄片扭曲一个角度,产生的制动力增大,制动效果也明显。因此,一般大型车辆都使用鼓式制动器,如图10-14所示。

图10-14 鼓式制动器

此外,鼓式制动器密封于制动鼓内,造成制动蹄片磨损后的粉尘无法散去,影响制动鼓与制动蹄片的接触面而影响制动性能。鼓式制动器最大的缺点是潮湿后,制动效果会有很大下降,甚至造成制动失灵。

盘式制动器与鼓式制动器相比,有以下优点:

(1)一般无摩擦助势作用,制动器效能受摩擦系数的影响较小,效能较稳定。

(2)浸水后效能降低较少,而且只需经一两次制动即可恢复正常。

(3)在输出制动力矩相同的情况下,尺寸和质量一般较小。

(4)制动盘沿厚度方向的热膨胀量极小,不会像制动鼓的热膨胀那样使制动器间隙明显增加而导致制动踏板行程过大。

(5)较容易实现间隙自动调整,其他保养修理作业也较简便。

(6)制动盘外露,散热良好。

目前,盘式制动器已广泛应用于轿车。

4. 盘式制动器

盘式制动器的类型有两种,如图10-15所示。

a)浮钳式

b)定钳式

图10-15 盘式制动器

浮钳式盘式制动器——单活塞钳式制动分泵；

定钳式盘式制动器——双活塞钳式制动分泵。

（1）定钳式盘式制动器。

油缸较多，使制动钳结构复杂；油缸分置于制动盘两侧，必须用跨越制动盘的钳内油道或外部油管来连通，这使得制动钳的尺寸过大，难以安装在现代化轿车的轮辋内；热负荷大时，油缸和跨越制动盘的油管或油道中的制动液容易受热汽化；若要兼用于驻车制动，则必须加装一个机械促动的驻车制动钳。

目前，主要应用于跑车、赛车等。

（2）浮钳式盘式制动器。

制动钳体通过导向销与车桥相连。制动时，钳体可以相对于制动盘轴向移动。此外，浮钳盘式制动器在兼充行车和驻车制动器的情况下，只需在行车制动钳油缸附近加装一些用以推动油缸活塞的驻车制动机械传动零件即可。

浮钳式盘式制动器工作方框图，如图10-16所示。

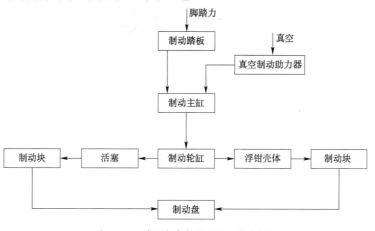

图10-16　浮钳式盘式制动器工作方框图

 知识链接：气压制动传动装置的组成和工作过程

1 风冷式空气压缩机

空气压缩机的作用是产生压缩空气，是整个制动系统的动力源。最常见的结构是空气冷却往复活塞式空气压缩机，它与往复活塞式发动机结构相似。空气压缩机按其汽缸的数量可分为单缸和双缸两种。图10-17所示为单缸风冷式空气压缩机结构。

空气压缩机固定于发动机一侧的支架上，由曲轴带轮通过V带驱动。主要由缸体、曲轴箱、曲轴、活塞、连杆、汽缸阀盖总成、空气滤清器等组成。汽缸体是铸铁的，带有散热肋片，汽缸有弹簧压紧的进、排气阀门。进气口经气管通向空气滤清器，出气口经气管通向湿储气筒。

发动机运转时，空气压缩机即随之运转。当活塞下行时，吸开进气阀门，外界空气经空气滤清器、进气阀进入汽缸。活塞上行时，进气阀在弹簧作用下关闭，汽缸内空气被压缩并顶开出气阀门，压缩空气经出气口和气管送到湿储气筒。

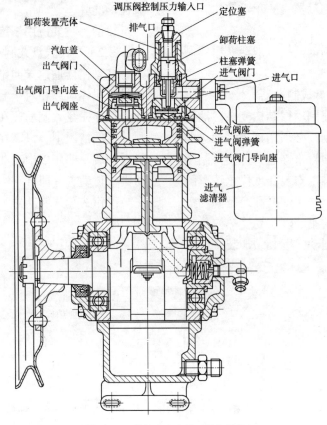

图10-17 单缸风冷空气压缩机结构

② 调压器

调压器的作用是使储气筒保持在规定的气压范围内,并在超过规定气压后,实现空气压缩机的卸荷空转,以减少发动机的功率消耗,如图10-18所示。

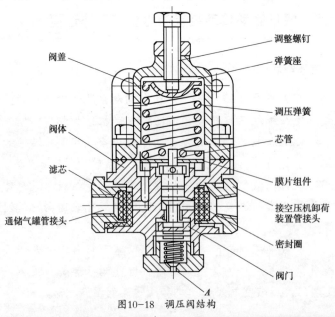

图10-18 调压阀结构

调压器在回路中的连接方法有两种。

（1）将调压器与空气压缩机和储气筒并联，当系统内的压力达到规定值时，调压器将空气压缩机的进气阀开启，卸荷空转。

（2）将调压器串联在空气压缩机和储气筒之间，当系统的空气压力达到规定值时，调压器将多余的压缩空气直接排入大气，使空气压缩机卸荷空转。这种方式浪费发动机动率，较少采用。

❸ 双腔制动控制阀

（1）作用。

制动控制阀控制从贮气筒进入制动气室和挂车制动阀的压缩空气，即控制制动气室的工作气压，同时在制动过程中具有渐进随动的作用，从而保证制动气室的工作气压与制动踏板的行程有一定的比例关系，使车速在驾驶员的控制范围，确保制动的稳定、可靠、安全。

（2）制动控制阀的组成。

制动控制阀主要由上腔活塞、下腔活塞、上腔阀门、下腔阀门、复位弹簧、平衡弹簧、推杆等部件组成，如图10-19所示。

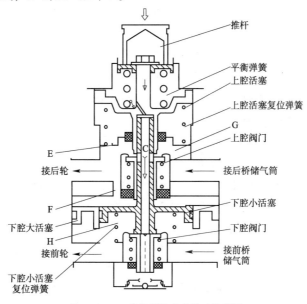

图10-19 双腔串联活塞式制动控制阀

（3）制动控制阀的工作过程。

踩下制动踏板时，拉动制动阀拉臂，将平衡弹簧上座下压，经平衡弹簧和下座、钢球，通过推杆及钢球压下平衡臂，推动两腔膜片总成下移。消除间隙后，先关闭排气阀口，再打开进气阀口，储气筒内的压缩空气经制动阀进入各制动气室，推杆推动调整臂使凸轮转动，制动蹄压向制动鼓，产生制动作用。

❹ 制动气室

制动气室相当于制动分泵的作用，与制动器组合使用，功能是将输入的空气压力转变为转动制动凸轮的机械推力,使车轮制动器产生制动力矩。

制动气室目前有两大类:膜片式制动气室和活塞式制动气室。

(1)膜片式制动气室。

它主要由盖、橡胶膜片、外壳、推杆以及复位弹簧等组成。夹布层橡胶膜片的周缘用卡箍夹紧在壳体和盖的凸缘之间。盖与膜片之间为工作腔,用橡胶软管与由制动阀接出的钢管连通,膜片右方则通大气。弹簧通过焊接在推杆上的支承盘推动膜片紧靠在盖的极限位置。推杆的外端通过连接叉与制动器的制动调整臂相连,如图10-20所示。

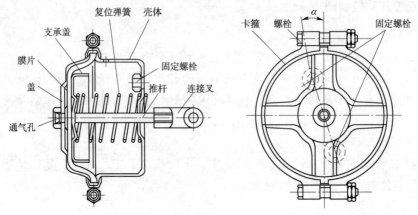

图10-20 膜片式制动气室结构

制动时,踩下制动踏板,压缩空气经制动阀进气口充入工作腔,膜片向右拱曲将推杆推出,使制动调整臂带动制动凸轮转动,从而推动制动蹄张开压向制动鼓,实现制动。松开制动踏板,工作腔中的压缩空气经制动控制阀(或快放阀)排入大气,膜片和推杆在弹簧作用下回位,从而解除制动。

(2)活塞式制动气室。

活塞式制动气室在系统中与制动器和手动控制阀配合使用,有行车制动气室和驻车制动气室。制动气室由前驻车制动气室、后行车制动气室、中隔板、密封元件组成。驻车制动气室主要由腰鼓形弹簧、驻车制动活塞、推杆等组成;行车制动气室主要由制动活塞、复位弹簧、连接叉等组成。活塞式制动气室结构如图10-21所示。

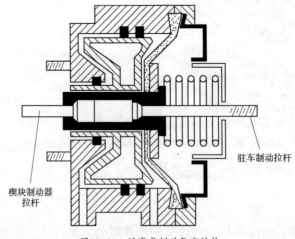

图10-21 活塞式制动气室结构

①不制动时：手动控制阀在上位，接通储气筒，储气筒的压缩空气经手动阀到进气口在进入驻车汽车，推动驻车制动活塞压缩腰鼓形弹簧使推杆、制动活塞和连接叉左移，制动器无制动作用。

②行车制动时：气压经驾驶员控制的控制阀进入制动气室，推动制动活塞和连接叉右移，使制动器产生制动。

③驻车制动时：手动控制阀在下位，关闭储气筒气源，接通大气，驻车气室口通大气，驻车制动活塞、推杆、制动活塞和连接叉在腰鼓形弹簧推动下，右移制动器产生制动作用。

④保护制动时：如果车辆长期存放，制动系统无气压或因系统严重漏气、气管断裂、压缩机故障、频繁制动等引起系统气压过低时，驻车气室气压小于腰鼓形弹簧的弹力时，驻车制动活塞、推杆、制动活塞和连接叉在腰鼓形弹簧推动下，右移制动器产生制动作用，使汽车进入保护制动，从而保障安全。

5 继动阀和快放阀

反应迟缓是气压制动的一大弱点，而在长轴距的汽车制动中，制动阀距制动气室较远，如果制动气室的充气与放气都要经过制动阀，则将使制动的产生与解除过于迟缓，气压制动的迟缓性更严重影响了制动的随动性。

为此，现代汽车在制动阀与制动气室之间装有继动阀与快放阀，使制动气室的气压更快地建立与撤除。它的作用是迅速排放制动气室中的压缩空气，以便迅速解除制动。

（1）继动阀。

它安装在储气筒和制动气室之间。进气口A接储气筒，出气口B接制动气室，孔口C与制动阀的出气口相通，如图10-22所示。

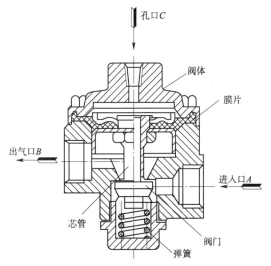

图10-22 继动阀结构

①当制动时，踩下制动踏板，压缩空气由制动阀孔口C充入膜片上方的气室，推动膜片及芯管向下移动，并将阀门推力阀座，即进气阀开启，于是，储气筒内的压缩空气直接由进气口A和出气口B充入制动气室，不必流经制动阀，这样就缩短了制动气室的充气管路，加速了充气过程，因此继动阀也称加速阀。

②放松制动踏板时，孔口C经制动阀与大气相通，膜片在其下方气压作用下，带动芯管上移，阀门在阀门弹簧的作用下紧靠在阀座上，即进气阀关闭。芯管继续上移，使其下端面离开阀门，即排气阀开启。于是，制动气室的压缩空气便经芯管和孔口C流向制动阀，并经制动阀的排气口排入大气。

由于继动阀具有平衡膜片和平衡气室的作用，所以，只要输入的制动压力是渐进变化的，则继动阀对本身输出压力的控制也是渐进的。

（2）快放阀。

它主要由上壳体、膜片、密封垫及下壳体等零件组成，如图10-23所示。

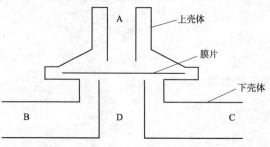

图10-23　快放阀结构

①当制动时，从双腔并列膜片或制动阀前腔室输往后桥车轮制动气室的压缩空气进入A口后推动膜片，将排气口D堵住，同时吹开膜片四周，使膜片边缘下弯，压缩空气沿下壳体的径向沟槽，经B、C口分别通往左、右制动气室。

②当放松制动踏板时，制动气室的压缩空气回流，从快放阀B、C口进入，将膜片向上吹起关闭了进气口A，同时从排气口D排入大气，无须迂回流经制动阀。

任务 2　制动主缸的更换

一　拆卸制动主缸

（1）打开发动机舱盖，并正确支撑。

（2）安装左右两侧翼子板布、前格栅布，如图10-24所示。

图10-24　安装翼子板布、前格栅布

（3）拔下空气流量计插接器，如图10-25所示。

图10-25　拔下空气流量计插接器

（4）拆卸空气滤芯器上盖，如图10-26和图10-27所示。

图10-26　松开空气管卡箍螺栓

图10-27　取下空气滤芯器上盖

（5）在制动主缸下方铺开一块布，以防止制动液溢出到其他零件和油漆上，如图10-28所示。

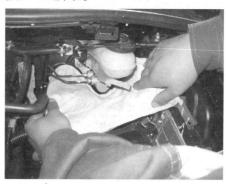

图10-28　制动主缸下方铺开一块布

（6）拆卸制动主缸上方的盖板，如图10-29所示。

图10-29　拆卸制动主缸上方的盖板

（7）打开制动主缸储液罐盖，如图10-30所示。

图10-30　打开储液罐盖

（8）用注油器从制动主缸储液罐内吸除制动液，如图10-31所示。

图10-31　吸除储液罐内制动液

（9）拔下制动液液位传感器插接器，如图10-32所示。

图10-32　拔下制动液液位传感器插接器

（10）用10号油管扳手将制动管路松开，如图10-33所示。

注意

如果使用开口扳手松开制动管路，则开口扳手会损坏制动管路扩口螺母。

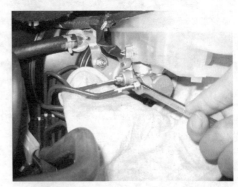

图10-33　松开制动管路

（11）使用工具（棘轮扳手、短接杆和12号套筒）拆卸制动主缸固定螺母，如图10-34所示。

图10-34　拆卸制动主缸固定螺母

（12）拆下制动管路。

（13）取下制动主缸，如图10-35和图10-36所示。

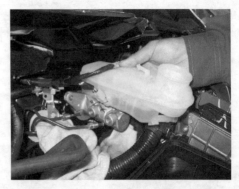

图10-35　取下制动主缸

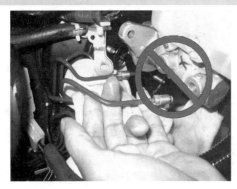

图10-36　不能弯曲制动管路

二 安装制动主缸

制动主缸安装步骤与拆卸步骤相反。

三 制动主缸放气

1号同学在车内，2号同学在车外。

（1）1号同学打开车门，进入车内。

（2）2号同学向储液罐内加入制动液，使其达到最大容量线。

（3）1号同学踩下制动踏板后，保持踏板被踩下的状态，并告知2号同学。

（4）2号同学用手指堵在主缸的出口上（两个出口同时堵住），并告知1号同学。

（5）1号同学松开制动踏板后，2号同学松开堵在主缸出口上的手指。

（6）重复（3）至（5）步骤直至液体从出口处流出。

（7）清除泼洒出的制动液。

用手指包着布覆盖在出口处，以防止液体泼溅。

如果储液罐内的液体排干，空气会进入制动主缸，因此，切勿让制动主缸内的液体用光。如果制动主缸内的空气没有排出，则从制动系统的管路将空气排干需要花费很多时间。

四 制动管路安装

（1）轻轻扳动制动管路，快速安装在制动主缸上，用手将将制动管路螺母充分旋入，如图10-37所示。

图10-37　用手将制动管路螺母充分旋入

操作速度要快，以防止大量的制动液从出口处流出。

禁止一开始就使用扳手将制动管路螺母旋入，如图10-38所示。

图10-38　禁止使用扳手将制动管螺母旋入

在安装制动管路时，不能弯曲制动管路。

（2）用油管扳手把扩口螺母旋紧。

旋紧制动管路扩口螺母时必须小心谨慎。

五 制动管路排气

（1）2号同学在储液罐内装入制动液

体，使其达到最大容量线。

（2）1号同学坐在驾驶员座椅上，2号同学操作举升机，举升起汽车。

（3）2号同学将聚氯乙烯软管连接到放气塞上，并给1号同学发送信号，告知准备工作已完成。

（4）1号同学要多次踩下制动踏板。将制动踏板踩到完全压下的位置。

（5）2号同学将放气塞放松大约1/4圈，进行排气。快速重新拧紧放气塞。

（6）重复（3）到（5）步骤，直至制动液中的气泡消失。

六 排气后检查

（1）检查当制动踏板被完全压下后，制动踏板和地面之间是否有足够的距离，以及重复压下制动踏板后该距离是否变化，如图10-39所示。

图10-39 检查制动踏板行程余量

当制动感觉过于柔软或者压下踏板后感觉不明显，则在制动系统管路内可能存在剩余的空气，应再次排放空气。

（2）检查放气塞是否被拧紧了，并重新安装放气塞帽。

（3）将新的制动液装入制动主缸储液罐直至液面达到最大容量线。

（4）空转发动机，压下制动踏板并检查排放塞是否有制动液泄漏。

（5）清除掉放气塞周围漏出的制动液。

七 整理作业工位

（1）收回前格栅布，关闭发动机舱盖。

（2）取下变速杆套、转向盘套、座椅套和地板垫。

（3）拔下点火钥匙，关闭车门。

（4）垃圾分类。

（5）清洁、整理工具车和工作台。

（6）清洁车辆和场地。

任务 3 制动轮缸的更换

一 准备工作

打开发动机舱盖,并正确支撑。

二 拆卸轮胎

(1)操作举升机将车辆举升至中位。
(2)使用气动扳手拆卸轮胎螺母(4只),如图10-40所示。

图10-40 用气动扳手拆卸轮胎螺母

(3)在轮胎上做好轮胎拆装记号,如图10-41所示。

图10-41 做轮胎拆装记号

(4)两人合作拆卸轮胎:拆卸最后一个轮胎螺母,移除轮胎,如图10-42所示。

图10-42 两人合作拆卸轮胎

三 拆卸制动轮缸(制动卡钳)

(1)旋上两个轮胎螺母(对角),固定转子盘,如图10-43所示。

图10-43 固定转子盘

(2)用手扳转转向节,方便制动卡钳拆装,如图10-44所示。

图10-44 用手扳转转向节

（3）使用工具（14号梅花扳手、17号开口扳手）松开制动卡钳固定螺栓，并拆卸下面一只螺栓，如图10-45所示。

图10-45　松开制动卡钳固定螺栓

（4）翻转制动卡钳，并用钩子挂在悬架螺旋弹簧上，如图10-46所示。

图10-46　翻转制动卡钳

（5）拆下制动摩擦片，如图10-47所示。

图10-47　拆下制动摩擦片

（6）重新安装制动卡钳，制动卡钳螺栓只需用手旋上，如图10-48所示。

（7）使用工具（棘轮扳手、14号套筒）拆卸制动卡钳油管螺栓（图10-49）。

图10-48　安装制动卡钳

图10-49　拆卸制动卡钳油管螺栓

拆卸时，下方放置一块抹布，接住流下的制动液，防止制动液腐蚀地面，同时方便清洁工作。

（8）用干净抹布包裹油管接头，并加以固定。

（9）拆卸制动卡钳螺栓，取下制动卡钳，如图10-50所示。

图10-50　拆卸制动卡钳

制动卡钳内残存的制动液不能随处滴漏，应倾倒在废油收集器中。

四 安装新的制动轮缸（制动卡钳）

（1）安装制动摩擦片。
（2）安装制动卡钳。
（3）安装制动卡钳油管。

注意

安装时应将油管接头的弯钩卡入制动卡钳上的小孔内，确保油管安装到位，如图10-51所示。

图10-51　弯钩卡入制动卡钳上的小孔内

（4）使用工具（扭力扳手、14号套筒）紧固制动油管螺栓：力矩为29N·m，如图10-52和图10-53所示。

图10-52　紧固制动油管螺栓

图10-53　拧紧力矩为29N·m

（5）使用工具（扭力扳手、14号套筒、17号开口扳手）紧固制动卡钳螺栓：力矩为34N·m，如图10-54和图10-55所示。

图10-54　紧固制动卡钳螺栓

图10-55　拧紧力矩为34N·m

五 制动轮缸（制动卡钳）排放空气

（1）制动轮缸排放空气的具体方法和步骤，可参照本书项目九任务3中的制动管路排放空气，如图10-56所示。

图10-56　制动轮缸（制动卡钳）排放空气

（2）检查制动管路、制动轮缸、空气阀是否有泄漏，如图10-57所示。

图10-57　检查是否有泄漏

 注意

轮胎安装时，对准拆装记号；轮胎螺母的拧紧力矩为103N·m。

七　结束工作

（1）操作举升机，降下车辆。
（2）向制动主缸储液罐内补充制动液，液量不得超过上限（MAX）标线。
（3）关闭发动机舱盖。

六　安装轮胎

具体操作步骤略。

八　整理作业工位

技能链接：制动踏板自由行程的检测和调整方法

制动踏板的自由行程是制动总泵活塞与真空助力器推杆之间的间隙在踏板上的反映，是为保证不发生制动拖滞、彻底解除制动而设置的。

1 检查

停熄发动机，踏下制动踏板数次后，以大约300N的力将制动踏板踩下，测量踏板臂至壁面的间隙，如图10-58所示。此间隙不得小于95mm（对应踏板自由行程为1～8mm）。

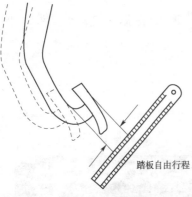

图10-58　制动踏板自由行程测量

2 调整

（1）如果测得的间隙值小于95mm，说明制动踏板自由行程过大，可能是制动蹄摩擦片和制动鼓磨损过度使制动间隙变大，或者系统内有空气。此时应重新调整制动器蹄鼓间隙，必要时更换不良的零件，或者排除系统内的空气。

（2）按上述检查方法再检查一次，如果间隙值仍小于95mm，则有可能是后制动器驻车制动推杆有故障，或者真空助力器活塞杆与制动主缸间的间隙调整不当，应重新进行调整。

（3）必要时还应检查制动灯开关的安装位置是否正确，踏板轴螺栓和制动主缸是否松动，如有问题应予更换。

项目十一

ABS轮速传感器的检查与更换

知识点

1. 掌握汽车ABS的组成;
2. 掌握汽车ABS的工作原理。

技能点

1. 能正确使用V.A.G1552检测轮速传感器故障;
2. 通过操作,学会ABS轮速传感器的检查与更换。

参考学时及教学组织安排

本项目总学时为18学时,其中:理论教学为3学时,示范为2学时,学生练习为13学时。

理论教学采用多媒体辅助教学,并结合实物讲解,使学生掌握汽车防抱死制动系统(ABS)的组成和工作原理。

实践教学采用工艺化学教法,根据实训设备的台套数,学生分组进行ABS轮速传感器的检查与更换的项目教学。教师讲解并示范操作步骤和注意事项,适时下达操作指令,并进行工位间巡视、检查、指导和纠正错误。

项目实施所需设备、器材

V.A.G1552故障诊断仪

桑塔纳2000GSi

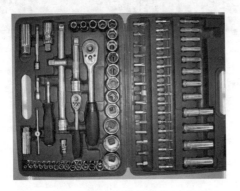

常用工具

万用表

任务 1　ABS 的认知

一、防抱死制动系统（ABS）的概述

防抱死制动系统是英文Anti-lock Braking System的缩写。

ABS作用是保证汽车在任何路面上进行紧急制动时，自动控制和调节车轮制动力，防止车轮完全抱死，从而得到最佳的制动效果。

（1）普通制动系统工作时，基本上分3个阶段：第一阶段车轮作单纯的滚动（图11-1）；第二阶段车轮处于边滚动边滑动的状态（图11-2）；第三阶段车轮被制动器抱死在路面上拖滑（图11-3）。

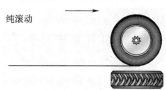

图11-1　路面印痕与胎面花纹基本一致

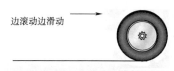

图11-2　路面印痕可以辨认出轮胎花纹，但花纹逐渐模糊

图11-3　路面印痕可以辨认出轮胎花纹，但花纹逐渐模糊

（2）附着系数ϕ与滑移率S的关系，如图11-4所示。

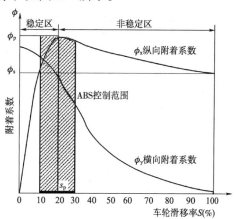

图11-4　附着系数ϕ与滑移率S的关系

$S<20\%$为制动稳定区域；$S>20\%$为制动非稳定区域

附着系数ϕ是附着力与车轮法向（与路面垂直的方向）压力的比值。它可以看成是轮胎和路面之间的静摩擦因数。这个系数越大，可利用的附着力就越大，汽车就越不容易打滑。

一般用滑移率S表示车轮运动过程中的滑动成分所占的比例，计算公式为：

$$S = (v - r \cdot \omega)/v \times 100\%$$

式中：S——滑移率；

　　　v——车速；

　　　ω——车轮转速；

　　　r——车轮半径。

车轮抱死拖滑时，制动力降低，而且无法控制汽车的行驶方向，出现不稳定的状态。实践证明，滑移率在20%时，具有最大的附着系数，可获得最佳制动效果。因而防抱死制动系统能够在汽车制动时将滑移率控制在最有利的20%范围内，从而避免制动过程中的侧滑、跑偏

和丧失转向能力,提高了汽车的操纵性能和稳定性能。同时还能得到最大制动力,缩短制动距离,提高制动性能,如图11-5所示。

遇到紧急状况,驾驶员只要尽可能地用力踩下制动踏板即可,其他的事情交给ABS来处理。因此,驾驶员可以专心地处理紧急状况。

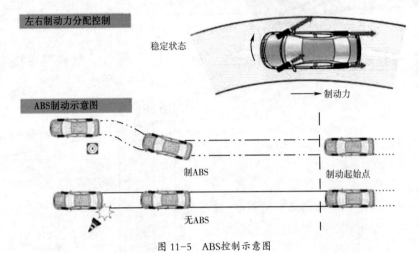

图11-5　ABS控制示意图

二、防抱死制动系统的分类

（1）目前,ABS可分为以下种类:博世（Bosch）ABS、坦孚（Teves）ABS、达科（Delco）ABS和本迪克斯（Bendix）ABS。这四种ABS都是广泛应用的ABS。

（2）按控制通道和传感器数目分类:四通道式、三通道式、二通道式和一通道式。

（3）按照制动压力调节器的动力来源分为液压式和气压式。

（4）按照制动压力调节器调压方式分为流通式和变容式。

（5）按制动压力调节器与制动主缸结构关系分为整体式和分离式。

三、ABS的基本组成和工作原理

ABS能够防止车轮抱死,具有制动时方向稳定性好、制动时仍有转向能力、缩短制动距离等优点。桑塔纳2000GSi采用的是美国ITT公司MK20-Ⅰ型ABS,是三通道的ABS调节回路,前轮单独调节,后轮则以两轮中地面附着系数低的一侧为依据统一调节。ABS主要由ABS控制器（包括电子控制单元、液压控制单元、液压泵等）、4个车轮转速传感器、ABS故障报警灯、制动报警灯等组成,如图11-6所示。

ABS的基本工作原理是:汽车在制动过程中,车轮转速传感器不断地把各个车轮的转速信号及时输送给ABS电子控制单元（ECU）,ABS ECU根据设定的控制逻辑对4个转速传感器输入的信号进行处理,计算汽车的参考车速、各车轮速度和减速度,确定各车轮的滑移率。如果某个车轮的滑移率超过设定值,ABS ECU就发出指令控制液压控制单元,使该车轮制动轮缸中的制动压力减小;如果某个车轮的滑移率还没达到设定值,ABS ECU就控制液压单元,使该车轮的制动压力增大;如果某个车轮的滑移率接近于设定值时,ABS ECU就控制液压控制单元,使该车轮制动压力保持一定。从而使各个车轮的滑移率保持在理想的范围之内,防止4个车轮完全抱死。

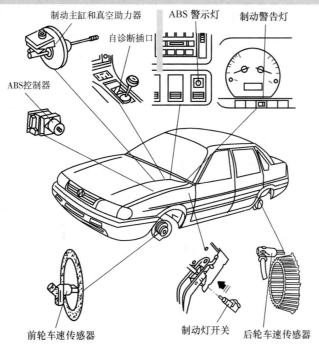

图11-6 ABS组件及在车上的安装位置

在制动过程中,如果车轮没有抱死趋势,ABS将不参与制动压力控制,此时制动过程与常规制动系统相同。如果ABS出现故障,电子控制单元将不再对液压单元进行控制,并将仪表板上的ABS故障报警灯点亮,向驾驶员发出警告信号,此时,ABS不起作用,制动过程将与没有ABS的常规制动系统的工作相同。

ABS主要部件结构与工作原理

1. 电子控制单元

电子控制单元是ABS的控制中心,它实际上是一个微型计算机,所以又常称为ABS(ECU)电脑。ABS ECU由输入电路、数字控制器、输出电路和警告电路组成,主要任务是连续监测接受4个车轮转速传感器送来的脉冲信号,并进行测量比较、分析放大和判别处理,计算出车轮转速、车轮减速度以及制动滑移率,再进行逻辑比较分析4个车轮的制动情况,一旦判断出车轮将要抱死,它立刻进入防抱死控制状态,通过电子控制单元向液压单元发出指令,以控制制动轮缸油路上电磁阀的通断和液压泵的工作来调节制动压力,防止车轮抱死。

ABS ECU还不断地对自身工作进行监控。由于ABS ECU中有两个完全相同的微处理器,它们按照同样的程序对输入信号进行处理,并将其产生的中间结果与最终结果进行比较,一旦发现结果不一致,即判定自身存在故障,它会自动关闭ABS。此外,ABS ECU还不断监视ABS中其他部件的工作情况,一旦ABS出现故障,如车轮速度信号消失、液压压力降低等,ABS ECU会发出指令而关闭ABS,并使常规制动系统工作,同时将故障信息存储记忆,并将仪表板上的ABS故障灯点亮,向驾驶员发出警示信号,此时应及时检查修理。

当点火开关接通时,ABS ECU就开始进行自检程序,对系统进行自检,此时ABS故障灯点亮。如果自检以后发现ABS存在影响其正常工作的故障,它将关闭

ABS，恢复常规制动系统，仪表板上ABS故障灯一直点亮，警告驾驶员ABS系统存在故障。自检结束后，ABS故障灯就熄灭，表明系统工作正常。由于自检过程约需要2s，因此在正常情况下，当点火开关接通时，ABS故障灯点亮2s，然后再自动熄灭是正常的。反之，如果点火开关接通时，ABS故障灯不亮，说明ABS故障灯或其线路存在故障，应对其进行检修。

2 液压控制单元和液压泵

液压控制单元装在制动主缸与制动轮缸之间，采用整体式结构，如图11-7所示。其主要任务是转换执行ABS ECU的指令，自动调节制动器中的液压压力。

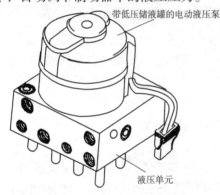

图11-7 液压控制单元结构

低压储液罐与电动液压泵合为一体装于液压控制单元上。低压储液罐的作用是用来暂时存储从轮缸中流出的制动液，以缓和制动液从制动轮缸中流出时产生的脉动。电动液压泵的作用是将在制动压力阶段流入低压储液罐中的制动液及时送至制动主缸，同时在施加压力阶段，从低压储液罐中吸取剩余制动力，泵入制动循环系统，给液系统以压力支持，增加制动效能。电动液压泵的运转是由电子控制单元控制的。

液压控制单元阀体内包括8个电磁阀，每个回路各一对，其中一个是常开进油阀，一个是常闭出油阀。它在制动主缸、制动轮缸和回油路之间建立联系，实现压力升高、压力保持和压力降低的功能，防止车轮抱死，其工作原理如下。

（1）开始制动阶段（系统油压建立）。开始制动时，驾驶员踩制动踏板，制动压力由制动主缸产生，经常开的不带电压的进油阀作用到车轮制动轮缸上，此时，不带电压的出油阀依然关闭，ABS没有参与控制，整个过程和常规液压制动系统相同，制动压力不断上升，如图11-8所示。

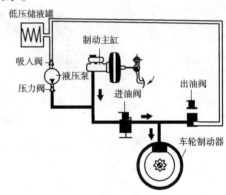

图11-8 系统油压的建立

（2）油压保持。当驾驶员继续踩制动踏板，油压继续升高到车轮出现抱死趋势时，ABS电子控制单元发出指令使进油阀通电并关闭阀门，出油阀依然不带电压仍保持关闭，系统油压保持不变，如图11-9所示。

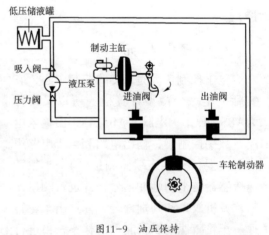

图11-9 油压保持

（3）油压降低。若制动压力保持不

变，车轮有抱死趋势时，ABS ECU给出油阀通电打开出油阀，系统油压通过低压储液罐降低油压，此时进油阀继续通电保持关闭状态，有抱死趋势的车轮被释放，车轮转速开始上升。与此同时，电动液压泵开始起动，将制动液由低压储液罐送至制动主缸，如图11-10所示。

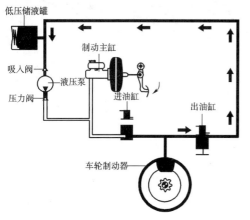

图11-10　油压降低

（4）油压增加。为了使制动最优化，当车轮转速增加到一定值后，电子控制单元给出油阀断电，关闭出油阀，进油阀同样也不带电而打开，电动液压泵继续工作，从低压储液罐中吸取制动液泵入液压制动系统，如图11-11所示。随着制动压力的增加，车轮转速又降低。这样反复循环地控制，工作频率为5~6次/s，将车轮的滑移率始终控制在20%左右。

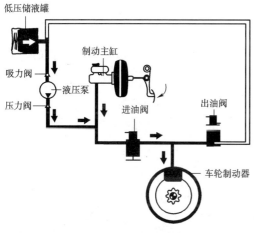

图11-11　油压增加

如果ABS出现故障，进油阀始终常开，出油阀始终常闭，使常规液压制动系统继续工作而ABS不工作，直到ABS故障排除为止。

3 故障报警灯

ABS在仪表板及仪表板附加部件上装有两个故障报警灯：一个是ABS报警灯，另一个是制动报警灯。

两个故障报警灯正常点亮的情况是：当点火开关打开起动至自检结束（大约2s）；在拉紧驻车制动装置时报警灯点亮。如果上述情况灯不亮，说明故障报警灯本身或线路有故障。

如果ABS故障灯常亮，说明ABS出现故障；如果制动报警灯常亮，说明制动液缺乏。

4 车轮转速传感器

车轮转速传感器的作用是接受车速传感器输送的车速信号，并将车速信号转换成电信号传送到电控单元。车轮转速传感器有磁脉冲式和霍尔式。

（1）磁脉冲式。由传感头和齿圈组成，传感头由永磁铁、极轴和感应线圈等组成，如图11-12所示。

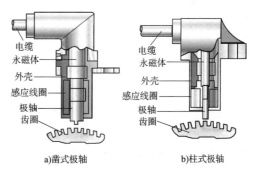

图11-12　磁脉冲式车轮转速传感器

工作原理如图11-13所示。齿圈旋转时，齿顶和齿隙交替对向极轴。在齿圈旋转过程中，感应线圈内部的磁通量交替变化从而产生感应电动势，此信号通过感应线圈末端的电缆输入ABS电子控制单元。当齿圈的转速发生变化时,感应电动势的频率也变化。ABS电子控制单元通过检测感应电动势的频率来检测车轮转速。

(2)霍尔式。由传感头和齿圈组成,传感头由永磁体、霍尔元件和电子电路等组成,如图11-14所示。

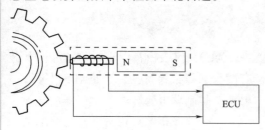

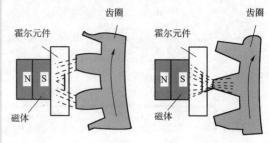

图11-14 霍尔式车轮转速传感器

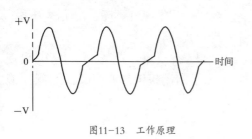

图11-13 工作原理

永磁体磁力线通过霍尔元件通向齿圈,当齿隙正对霍尔元件中心时,穿过霍尔元件的磁力线分散,磁场较弱;当齿顶正对霍尔元件中心时,磁力线集中,磁场较强。齿圈转动时,磁场强弱发生交替变化,从而引起霍尔电压的变化。

优点是输出信号幅值不受转速影响;频率响应高;抗电磁干扰能力强。

知识链接:电子制动力分配装置(EBD)

电子制动力分配装置(Electric Brakeforce Dis-tribution,EBD)能自动调节前轴、后轴的制动力分配比例,提高制动效能(在一定程度上可以缩短制动距离),并配合ABS提高制动稳定性。汽车制动时,如果4个轮胎附着地面的条件不同,比如,左侧轮附着在湿滑路面,而右侧轮附着于干燥路面,4个轮子与地面的摩擦力不同,在制动时(4个轮子的制动力相同)就容易产生打滑、倾斜和侧翻等现象。

EBD的功能就是在汽车制动的瞬间,高速计算出4个轮胎由于附着不同而导致的摩擦力数值,然后调整制动装置,使其按照设定的程序在运动中高速调整,达到制动力与摩擦力(牵引力)的匹配,以保证车辆的平稳和安全。

在紧急制动车轮抱死的情况下,EBD在ABS动作之前就已经平衡了每一个轮的有效地面抓地力,可以防止出现甩尾和侧移,并缩短汽车的制动距离。

EBD是在ABS基础上工作,其并没有增加新的元件,而是通过软件即升级或改变电脑的程序来实现了制动力的合理分配。

任务 2 ABS轮速传感器的检查与更换

一、用V.A.G1552检测轮速传感器故障（以桑塔纳2000GSi为例）

1. V.A.G1552故障诊断仪操作方法及功能简介

ABS系统故障可使用V.A.G1552故障诊断仪来诊断。

（1）V.A.G1552操作方法如下。

① 在断电情况下，将V.A.G1552故障诊断仪与诊断插座连接后，打开点火开关。

② 键入03后按Q键，即进入ABS工作环境。

③ 键入所需的功能代码。

④ 键入06后按Q键，退出。

⑤ 在断电后，拆下V.A.G.1552故障诊断仪。

（2）功能简介：功能01—状态信息显示；功能02—故障查询；功能03—液压控制单元诊断；功能04—加液排气；功能05—清除故障码；功能06—结束，退出；功能07—控制器编码；功能08—测量数据显示（如轮速信号等）。

（3）功能键：C键——取消，更改输入数据及当前菜单；Q键——确认输入；→键——下一步；HELP键——帮助信息。

2. 查询和清除故障码

在功能选择处输入02，按Q键将显示故障数量。之后按→键，将依次显示每一故障的故障码和内容。

在功能选择处输入05，按Q键即可清除故障码。如果故障码无法清除，表示这个故障码代表的故障一直存在。如果存储的故障可以消除，表示这是一个偶发性故障，须在实车行驶时才能重新检测到。

轮速传感器的故障码见表11-1。

轮速传感器的故障码 表11-1

故障码	故障原因
65535	电子控制单元故障
01276	ABS液压泵V64与ABS连接线路对正极、搭铁短路及开路或液压泵马达故障
00283	左前轮转速传感器（G47）触点开路或松动 左前轮转速传感器电路短路 转速传感器和齿圈的间隙超差（信号不正常）
00285	右前轮转速传感器（G45）触点开路或松动 左前轮转速传感器电路短路 转速传感器和齿圈的间隙超差（信号不正常）
00290	左后轮转速传感器触点开路或松动 左前轮转速传感器电路短路 转速传感器和齿圈的间隙超差（信号不正常）

续上表

故障码	故障原因
00287	右后轮转速传感器触点开路或松动 左前轮转速传感器电路短路 转速传感器和齿圈的间隙超差（信号不正常）
01044	ABS编码错误（ABS 25针插头触点6和22）
00668	供电端子30号线路、连接插头、熔断丝故障
01130	ABS工作信号超差，可能有外界干涉信号源的电气干涉（高频发射，例如：非绝缘的点火电缆线）

（1）查询故障码。

①将V.A.G1552与诊断接口相连接，如图11-15所示。如果屏幕上无显示，则应检查自诊断的插口，打开点火开关，屏幕显示：

```
Test of vehicle systems      HELP
Insert address word XX
```

```
汽车系统测试                 帮助
输入地址指令XX
```

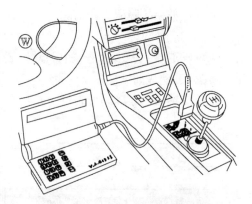

图11-15 V.A.G1552与诊断接口的连接

②输入地址码03（制动电子系统），屏幕显示：

```
Test of vehicle systems      Q
03 Brake electronics
```

```
汽车系统测试                 确认
03-制动电子系统
```

③按Q键确认，屏幕显示：

```
3A0 907 379 ABS ITT AE 20 GI VOD
Coding 04505          WCS XXXXX
```

```
3A0 907 379 ABS ITT AE 20 GI VOD
编码 04505            WCS XXXXX
```

其中：3A0 907 379 ABS 为控制单元零件号；ITT AE 20 GI 为公司ABS产品型号；VOD为软件版本；Coding 04505 为控制单元编码号；WCS XXXXX为维修站代码。

④按→键，屏幕显示：

```
Test of vehicle systems      HELP
Select function XX
```

```
汽车系统测试                 帮助
选择功能 XX
```

⑤输入功能码02（查询故障码功能），屏幕显示：

```
Test of vehicle systems      Q
02-Interrogate fault memory
```

```
汽车系统测试                 确认
02-查询故障码
```

⑥按Q键确认。然后在显示器上出现所存储的故障数量，或者"未发现故障"。

X Faults recognized 发现X个故障

No faults recognized 未发现故障

⑦按→键，所显示的故障依次显示出来。故障显示完毕后，按→键返回初始位置。

（2）清除故障码和结束输出。

①查询故障码后，屏幕显示：

Test of vehicle systems Select function XX	HELP
汽车系统测试 选择功能 XX	帮助

②输入功能码05（清除故障码功能），屏幕显示：

Test of vehicle systems 05-Erase fault memory	Q
汽车系统测试 05-清除故障码	确认

③按Q键确认，屏幕显示：

Test of vehicle systems Fault memory is erased!	HELP
汽车系统测试 故障存储已被清除	帮助

④按→键，如果在屏幕上出现显示：Attention! Fault memory has not been interrogated（注意：故障存储未被查询），则检测过程有缺陷，应遵循正确的检测过程，即先查询再清除故障码。屏幕显示：

Test of vehicle systems Select function XX	HELP
汽车系统测试 选择功能 XX	帮助

⑤输入06（结束输出）功能，屏幕显示：

Test of vehicle systems 06-end output	Q
汽车系统测试 06-结束输出	确认

⑥按Q键确认，屏幕显示：

Test of vehicle systems Enter address XX	HELP
汽车系统测试 输入地址指令 XX	帮助

关闭点火开关，拔下V.A.G1552故障诊断仪的插头。打开点火开关后，ABS的报警灯K47和制动报警灯K118亮约2s后必须熄灭。

③ 读取轮速传感器测量数据块

功能08（读取测量数据块）中，01和02（显示组）可用于检测转速传感器工作情况，03（显示组）可用于检测制动灯开关的功能。

（1）连接V.A.G1552，输入地址码03（制动电子系统），并按Q键确认，屏幕显示：

Test of vehicle systems Select function XX	HELP
汽车系统测试 选择功能 XX	帮助

（2）输入08（读取测量数据块）功能，按Q键确认，屏幕显示：

Read measuring Value block	Q
Enter display group number XX	
读取测量数据块	确认
输入显示组号 XX	

（3）输入显示组01，按Q键确认，屏幕显示（汽车静止时）：

Read measuring Value block 1	→
0km/h 0km/h 0km/h	0km/h
读取测量数据块1	→
0km/h 0km/h 0km/h	0km/h

（4）为了检查转速传感器工作情况，必须用举升机升起车辆，使4个车轮离地，另一名维修工用手转动车轮，屏幕显示（用手转动车轮时）：

Read measuring Value block 1	→
1 2 3	4
读取测量数据块1	→
1 2 3	4

其中：显示区域1、2、3和4分别是用手转动左前轮、右前轮、左后轮和右后轮的速度，单位是km/h，范围为0～255。

（5）按↑键，进入下一个显示组。屏幕显示（汽车静止时）：

Read measuring Value block 2	→
255km/h 255km/h 255km/h	255km/h
读取测量数据块2	→
255km/h 255km/h 255km/h	255km/h

（6）放下汽车，缓慢行驶，屏幕显示（缓慢行驶时）：

Read measuring Value block 2	→
3km/h 6km/h 2km/h	1km/h
读取测量数据块2	→
3km/h 6km/h 2km/h	1km/h

其中：区域1和2的数据偏差<6km/h为正常，区域3和4的数据偏差<2km/h为正常。

（7）按↑键，屏幕显示：

Read measuring value block 3	
0	
读取测量数据块3	
0	

其中：不踩制动踏板时为0，踩制动踏板时应为1。

二　ABS前轮速传感器的检修

（以桑塔纳2000为例）

（1）车辆进入工位前，学生将工位卫生清理干净，排除障碍物，准备好相关的工具、物品和耗材等，如图11-16所示。

图11-16　做好准备工作

（2）将车辆停放在举升机的中央位置，拉紧驻车制动器操纵手柄，并将变速器置于空挡，如图11-17所示。再将转向盘套、变速杆套、座椅套、地板垫进行安装和铺设。

图11-17 拉紧驻车制动器操纵手柄

（3）将举升机上的车辆举升到离地适当的高度，如图11-18所示。拔下轮速传感器导线插头，如图11-19所示，并从减振器卡箍内脱出传感器线束（注意：拔插轮速传感器导线插头时应关闭点火开关，防止损坏电控单元；拔轮速传感器导线插头时严禁使用一字螺丝刀等类似工具进行撬动，防止损坏插头和电器元件）。

图11-18 操纵举升机

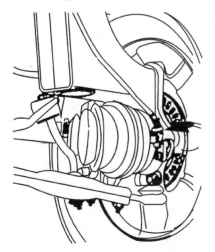

图11-19 拔下轮速传感器导线插头

（4）用内六角扳手拧松轮速传感器的固定螺栓，如图11-20和图11-21所示。取出固定螺栓后，用手转动、拔出轮速传感器，并将工具以及轮速传感器放好。

图11-20 递传内六角扳手

图11-21 拆卸轮速传感器

注意

轮速传感器应放好，否则会损坏轮速传感器。

（5）用万用表测量轮速传感器的感应线圈的电阻值，如图11-22所示。

注意

电阻值应为1.0～1.3kΩ，如测量值不在规定范围内，更换轮速传感器。

图11-22 万用表

（6）将轮速传感器的传感头用棉布擦干净，以防止传感头脏污而影响轮速传感器的感应灵敏度和造成输出电压信号失准，如图11-23所示。

图11-23 轮速传感器

（7）将轮速传感器插入转向节上的轮速传感器孔中，如图11-24所示。用手旋入轮速传感器固定螺栓，用内六角扳手拧紧螺栓，力矩为10N·m，最后将轮速传感器插头插到插座上。

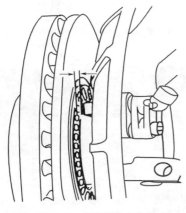

图11-24 安装轮速传感器

（8）放下举升机，清理工具、仪器，清洁场地。

三 ABS后轮速传感器的检修

（1）车辆进入工位前，学生将工位卫生清理干净，排除障碍物，准备好相关的工具、物品和耗材等，如图11-25所示。

图11-25 做好准备工作

（2）将车辆停放在举升机的中央位置，拉紧驻车制动杠杆，并将变速器置于空挡，再将转向盘套、变速杆套、座椅套、地板垫进行安装和铺设，如图11-26所示。

图11-26 拉紧驻车制动杠杆

（3）将举升机上的车辆举升到离地适当的高度，如图11-27所示。拔下后轮速传感器导线插头，并从减振器卡箍内脱出轮速传感器线束，如图11-28所示。

图11-27 操纵举升机

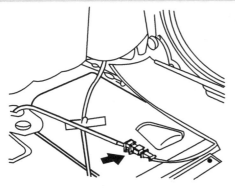

图11-28 拔下后轮速传感器连接插头

（4）用内六角扳手拧松轮速传感器的固定螺栓，如图11-29和图11-30所示。取出固定螺栓后，用手转动、拔出轮速传感器，并将工具以及轮速传感器放好。

图11-29 内六角扳手

图11-30 拆下传感器紧固螺栓

 注意

轮速传感器应放好，否则会损坏轮速传感器。

（5）用万用表测量轮速传感器的感应线圈的电阻值。

 注意

电阻值应为1.0~1.3kΩ，如测量值不在规定范围内，更换轮速传感器。

（6）将轮速传感器的传感头用棉布擦干净，以防止传感头脏污而影响轮速传感器的感应灵敏度和造成输出电压信号失准，如图11-31所示。

图11-31 轮速传感器

（7）将轮速传感器插入转向节上的轮速传感器孔中，用手旋入轮速传感器固定螺栓，用内六角扳手拧紧轮速传感器固定螺栓，如图11-32所示。

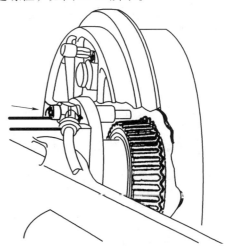

图11-32 拧紧轮速传感器紧固螺栓

（8）放下举升机，清理工具和仪器，清洁场地。

知识链接

一、驱动防滑控制系统

驱动防滑控制系统（Acceleration Slip Regulation，ASR）也称为牵引力控制系统（Traction Control System，TCS或TRC），是继制动防抱死系统（ABS）之后应用于车轮防滑的电子控制系统。

二、驱动防滑控制系统的功用

驱动防滑控制系统的功用是防止汽车在起步、加速和在滑溜路面行驶过程中驱动轮打滑，特别是防止汽车在非对称路面或在转向时驱动轮的滑转，以保持汽车行驶方向的操纵稳定性和维持汽车的最佳驱动力以及提高汽车的平顺性。

三、基本组成及工作原理

ASR主要由输入装置（传感器和开关信号等）、电子控制单元（ECU）和执行机构（制动压力调节器、节气门驱动装置等）组成。ASR的传感器主要是车轮转速传感器和节气门位置传感器，车轮转速传感器与ABS共享，而节气门位置传感器则与发动机电子控制系统共享；ASR的开关信号主要是ASR选择开关和转向开关信号，将ASR选择开关关闭，ASR就不起作用。由于ASR和ABS的一些信号输入和处理都是相同的，因此ASR电子控制单元与ABS电子控制单元通常组合在一起。

车轮转速传感器将行驶汽车驱动车轮转速及非驱动车轮转速转变为电信号，输送给电子控制单元（ECU）。ECU根据车轮转速传感器的信号计算驱动车轮滑转率，如果滑转率超出了目标范围，控制器再综合参考节气门开度信号、发动机转速信号、转向信号等因素确定控制方式，输出控制信号，使相应的执行器动作，将驱动轮的滑转率控制在目标范围之内。

四、驱动防滑控制系统的控制方式

驱动防滑控制系统的控制参数是滑转率S_d，控制器根据各车轮转速传感器信号计算S_d，当S_d值超过某一限定值时，控制器就输出控制信号，抑制车轮的滑转，将车轮的滑转率控制在理想的范围内。

汽车驱动防滑控制系统常用的控制方式有以下几种。

1. 发动机输出功率/转矩控制

在汽车起步或加速时，若加速踏板踩得过猛，会因为驱动力过大而出现两边驱动车轮都滑转的情况，这时，ASR控制器输出控制信号，控制发动机的输出功率，以抑制驱动车轮的滑转。

发动机输出功率/转矩控制通常有以下几种方法。

（1）调节喷油量。减少或中断供油。

（2）调整点火时间。减小点火提前角或停止点火。

（3）调整进气量。调整节气门的开度和辅助空气装置。

上述三种方法中，调整进气量（如调整节气的开度）最好，但调整节气门反应速度较慢；调整点火时间和燃油喷射量反应速度较快，可补偿调整节气门开度的不足，但推迟点火时间控制不好易造成失火，燃烧不完全，增加排气净化装置中三元催化器的负担。如果只减少燃油喷射量，因受燃烧室内废气的影响，又会使燃烧过程延迟。

② 驱动轮制动控制

当汽车在附着系数不均匀的路面上行驶时，处于低附着系数路面的驱动车轮可能会滑转，此时ASR电子控制单元将对滑动车轮施加一定的制动力，使两驱动车轮向前运动速度趋于一致。该控制方式反应时间最短，是防止驱动轮滑转最迅速的一种控制方式，但为了制动过程平稳，出于对舒适性的考虑，其制动力应缓慢升高。该控制方式一般都作为调整进气量（如节气门开度），改变发动机输出转矩方式的补充。

对滑转的驱动车轮施加一定的制动力，还能使处于高附着系数路面的车轮产生更大的驱动力，起到差速锁的效果。

采用驱动轮制动控制方式的ASR的液压系统可分为两大类，一类是ASR与ABS的组合结构，在ABS中增加电磁阀和调节器，从而增加了驱动控制功能；另一类是在ABS的液压装置和轮缸之间增加一个单独的ASR液压装置。

③ 发动机输出功率和驱动车轮的制动力同时控制

控制信号同时起动ASR制动压力调节器和辅助节气门调节器，在对驱动车轮施以制动力的同时，减小发动机的输出功率，以达到理想的控制效果。

④ 防滑差速锁止控制

防滑差速锁止（Limited Slip Differential, LSD）控制装置是一种电子控制可变锁止差速器，它是通过控制多片式防滑差速器离合器的工作液压实现锁止控制。这种锁止方式可以使锁止程度逐渐变化，锁止范围可从0变化到100%。当驱动轮单边滑转时，控制器输出控制信号，使差速器锁止装置和制动压力调节器动作，控制车轮的滑转率，并将压力传感器和驱动轮轮速传感器产生的信号反馈给ECU，实行反馈控制。它可有效控制驱动车轮的驱动力，从而提高汽车在滑溜路面的起步、加速能力及行驶方向的稳定性。

⑤ 差速锁与发动机输出功率综合控制

汽车在行驶过程中，路面情况千差万别，采用差速锁止控制与发动机输出功率综合控制相结合的控制系统，可根据发动机的状况和车轮滑转的实际情况采取相应的控制，以达到最理想的控制效果，可使汽车在各种路面行驶和起步时具有更高的稳定性和可操纵性。

五　ABS与ASR区别

① ASR与ABS的相同之处

（1）ASR和ABS采用相同的控制技术，都是通过控制车轮和路面的滑移率来实现各自的控制功能。

（2）ASR和ABS密切相关，通常结合在一起使用，共享许多系统部件来控制车轮的转动，以更好地保证汽车的行驶安全。

② ASR与ABS的不同之处

（1）ABS是防止制动时车轮抱死滑移的，主要用来提高制动效果，确保制动安全；ASR则是防止驱动车轮的滑转，主要是用来提高汽车起步、加速及滑溜路面行驶时的牵引力，提高行驶性能，确保行驶稳定性。

（2）在控制其滑移率的过程中，ABS对前后车轮都起作用，而ASR只对驱动车轮起控制作用。

（3）ABS在制动时工作，在车轮出现抱死趋势时起作用，在车速很低（小于8km/h）时不起作用；ASR则是在整个行驶过程中都工作，在车轮出现滑转时起作用，当车速很高（80～120km/h）时不起作用。

六 电子稳定系统（ESP）

电子稳定系统(Electronic Stability Program，简称ESP)，是博世（Bosch）公司的专利。世界上最大的汽车原厂配套装备独立供应商——博世于1995年成为第一个把ESP技术投入量产的公司，2002年该系统已经发展到第8代。因为ESP是博世公司的专利产品，所以只有博世公司的车身电子稳定系统才可称之为ESP。在博世公司之后，也有很多公司研发出了类似的系统，如日产研发的车辆行驶动力学调整系统（Vehicle Dynamic Control 简称VDC），丰田研发的车辆稳定控制系统（Vehicle Stability Control 简称VSC），本田研发的车辆稳定性控制系统（Vehicle Stability Assist Control 简称VSA），宝马研发的动态稳定控制系统（Dynamic Stability Control 简称DSC）等。

① 作用

ESP系统包含ABS与ASR，是这两种系统功能上的延伸。因此，ESP是当前汽车防滑装置中最先进的。控制单元通过这些传感器的信号对车辆的运行状态进行判断，进而发出控制指令。有ESP与只有ABS及ASR的汽车，它们之间的差别在于ABS及ASR只能被动地做出反应，而ESP则能够探测和分析车况并纠正驾驶的错误，防患于未然。ESP对过度转向或不足转向特别敏感，比如，汽车在路滑时左拐过度转向时会产生向右侧甩尾，传感器感觉到滑动就会迅速制动右前轮使其恢复附着力，产生一种相反的转矩而使汽车保持在原来的车道上，把汽车从危险过程中拉回到安全状态。ESP系统为汽车在紧急情况下有了一个安全保障，也降低了汽车在各种道路状况下或转弯时发生侧翻的可能性，这将显著改善汽车的舒适性和行驶的稳定性。

② 组成

ESP系统由传感器、ESP电脑、执行器等组成，如图11-33所示。

（1）传感器：转向传感器、车轮传感器、侧滑传感器、横向加速度传感器、转向盘加速／制动踏板传感器等，这些传感器负责采集车身状态的数据。

（2）ESP电脑：将传感器采集到的数据进行计算，算出车身状态然后跟存储器里面预先设定的数据进行比对。当电脑计算数据超出存储器预存的数值，即车身临近失控或者已经失控的时候则命令执行器工作，以保证车身行驶状态能够尽量满足驾驶员的意图。

（3）执行器：ESP的执行器就是4个车轮的制动系统，其实ESP就是帮驾驶员踩制动。与没有ESP的车不同的是，装备有ESP的车，其制动系统具有蓄压功能。蓄压就是电脑可以根据需要，在驾驶员没踩制动的时候替驾驶员向某个车轮的制动油管加压，好让这个车轮产生制动力。另外，ESP还能控制发动机的动力输出，以及控制相关的设备。

（4）与驾驶员的沟通：仪表盘上的ESP灯。

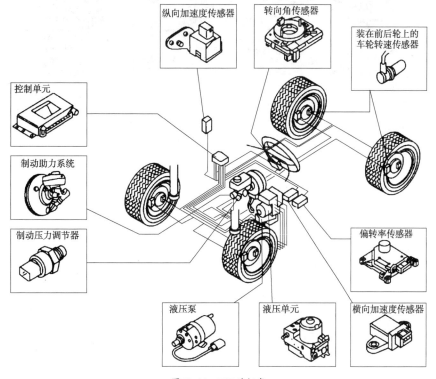

图11-33　ESP的组成

3 工作过程

ESP系统实际是一种牵引力控制系统，与其他牵引力控制系统比较，ESP不但控制驱动轮，而且可控制从动轮。如后轮驱动汽车常出现的转向过多情况，此时后轮失控而甩尾，ESP便会刹慢外侧的前轮来稳定车子；在转向过少时，为了校正循迹方向，ESP则会刹慢内后轮，从而校正行驶方向。

（1）不足转向时的控制措施，如图11-34所示。ESP判定汽车具有较大的不足转向倾向，控制系统会自动对位于弯道内侧的后轮实施瞬时制动，以产生预定的滑移率，导致该车轮受到的侧向力迅速减少而纵向制动力迅速增大，这样就产生了一个与横摆方向相同的横摆力矩。另外还获得了两个附带的减少不足转向倾向的因素。首先，由于制动而使车速降低；其次，由于差速器的作用，对内侧后轮制动从而导致外侧后轮被加速，即外侧后轮受到的驱动力增加而侧向力减少，这样就产生了又一个所期望的横摆力矩。

（2）过度转向时的控制措施,如图11-35所示。在出现转向过度时，驱动力分配系统就会降低驱动力矩，以提高后轴的侧向附着力。地面作用于后轴的侧向力相应会提高，从而产生一个与过度转向相反的横摆力矩。位于弯道外侧的非驱动前轮开始时几乎不滑动，若仅依靠动力分配系统还不能制止开始发生的不稳定状态，控制系统将自动对该前轮实施瞬时制动，使它产生较高的滑移率，导致该车轮受到的侧向力迅速减少而纵向制动力迅速增大，于是也产生一个与横摆方向相反的横摆力矩。由于对一个前轮制动，车速也会降低，从而获得了一个附带产生的有利于稳定性的因素。

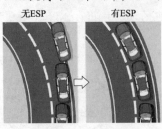

转向不足的情况

图11-34　转向不足

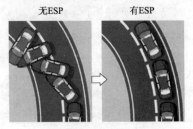

转向过度的情况

图11-35　转向过度

项目十二

减振器的检查与更换

 知识点

1. 掌握汽车减振器作用与组成；
2. 掌握汽车减振器的类型、结构与原理。

 技能点

1. 能正确拆装前轮减振器；
2. 能正确拆装后轮减振器。

 参考学时及教学组织安排

本项目总学时为8学时，其中：理论教学为2学时，示范为1学时，学生练习为5学时。

教学可采用多媒体辅助教学，并结合实物讲解，使学生掌握汽车减振器的作用、组成、类型和原理。

根据实训设备的台套数，教学采用工艺化教学法。教师讲解并示范操作步骤和注意事项，适时下达操作指令，并进行工位间巡视、检查、指导和纠正错误。

项目实施所需设备、器材

桑塔纳台架实训台架

管钳

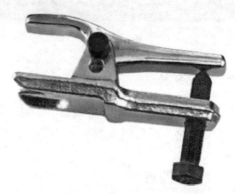

顶拔器

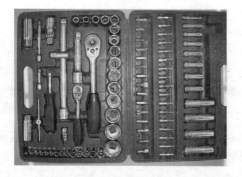

常用工具

弹簧压缩器

任务 1 悬架的认知

一、悬架的作用与组成

1. 悬架的功用

悬架是车身与车轮之间的一切传力连接装置的总称,其作用是:

(1)弹性地连接车桥与车架或车身。

(2)衰减弹性系统引起的振动。

(3)导向作用,使车轮按一定的轨迹相对车身运动。

2. 悬架的组成

现代汽车的悬架结构形式有很多,但一般由弹性元件、导向装置、减振器和横向稳定杆等部件组成,如图12-1所示。

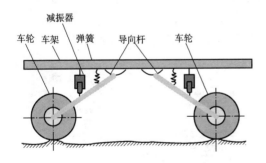

图12-1 悬架组成示意图

(1)弹性元件:它使车身与车轮之间保持弹性连接,可以缓和不良路面带来的冲击和承受并传递垂直载荷。

(2)导向装置:用来传递纵向和横向间的各种力和力矩,并确定车轮相对于车身运动的关系。

(3)减振器:用来减轻对路面产生的冲击,使振动减弱,提高乘坐的舒适性

和驾驶的稳定性。

(4)横向稳定杆:可以防止车身发生过大的倾斜,提高汽车行驶的平顺性、舒适性、操纵的稳定性。

二、悬架的分类

悬架的结构形式很多,分类方法也不尽相同。按导向机构形式来分,可分为独立悬架和非独立悬架两大类,如图12-2所示。

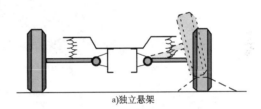

a)独立悬架

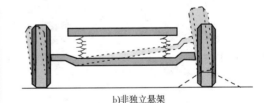

b)非独立悬架

图12-2 独立悬架和非独立悬架

(1)独立悬架的结构特点:车桥是做成断开的,两侧车轮相对独立于各自的悬架和车身。这样,当一侧车轮因路面不平整等原因而发生变化时,另一侧车轮的位置几乎不发生变化。

(2)非独立悬架的特点:左右两侧车轮安装在一根整体式车桥上,车桥通过悬架和车架相连。当一侧车轮因路面不平整等原因而发生变化时,另一侧车轮的位置也相应发生变化。

三、弹性元件

汽车上常用的弹性元件主要包括钢板弹簧、螺旋弹簧、扭杆弹簧等。

1 钢板弹簧

钢板弹簧的中部通过U形螺栓与刚性的驱动桥相连接，如图12-3所示。钢板弹簧的后端卷耳通过橡胶衬套及吊耳销与车架上的摆动吊耳相连接，形成摆动式的铰链支点。这种连接方式能使钢板弹簧变形时两端卷耳间的距离有伸缩的余地。由于轮胎和钢板弹簧的共同作用，改善了汽车的行驶平顺性。

2 螺旋弹簧

螺旋弹簧是用弹簧钢棒料卷制而成，它们有刚度不变的圆柱形螺旋弹簧和刚度可变的圆锥形螺旋弹簧，如图12-4和图12-5所示。

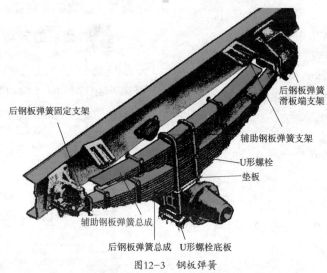

图12-3　钢板弹簧

图12-4　圆柱形螺旋弹簧　　图12-5　圆锥形螺旋弹簧

螺旋弹簧大多应用在独立悬架上，尤其前轮独立悬架广泛采用，如图12-6所示。有些汽车后轮非独立悬架也有采用螺旋弹簧作弹性元件的，如图12-7所示。由于螺旋弹簧只承受垂直载荷，它用做弹性元件的悬架要加设导向机构和减振器。它与钢板弹簧相比具有不需润滑、防污性强、占用纵向空间小和弹簧本身质量小的特点，因而现代汽车上广泛采用。

图12-6　前轮独立悬架采用螺旋弹簧

图12-7　后轮非独立悬架采用螺旋弹簧

3 扭杆弹簧

扭杆弹簧的扭杆用合金弹簧钢做成，具有较高的弹性，既可扭曲变形又可复原，它的一端与车架固定连接，另一端与悬架控制臂连接，通过扭杆的扭转变形达到缓冲作用，如图12-8所示。汽车运行时，车轮受到不平地面的影响上下运动，控制臂也会随之上升或下降。当车轮向上时控制臂上升，使扭杆被迫扭转变形，吸收冲击能量。当冲击力减弱时，杆的自然还原能力能迅速恢复到它原来的位置，使车轮回到地面，避免车架受到颠簸。扭杆弹簧单位质量的储能量较大，且占用的空间位置最小，易于布置，还可以适度调整车身的高度，所以不少乘用车悬架采用扭杆弹簧。

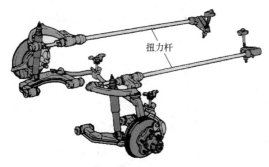

图12-8 扭杆弹簧

减振器

双向作用筒式减振器，如图12-9和图12-10所示。

图12-9 双向作用筒式减振器

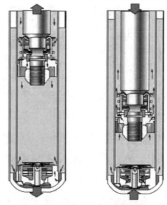

图12-10 双向作用筒式减振器

双向作用筒式减振器上端与车相连接，下端用球铰链与悬架下摇臂相连接，能承受前桥各向作用力和力矩，使前轮不发生偏摆，提高汽车的稳定性和舒适性。双向作用筒式减振器的工作原理，如图12-11所示。在压缩行程时，汽车车轮移近车身，减振器受压缩，此时减振器内活塞向下移动。活塞下腔室的容积减少，油压升高，油液流经流通阀流到活塞上面的腔室（上腔）。上腔被活塞杆占去了一部分空间，因而上腔增加的容积小于下腔

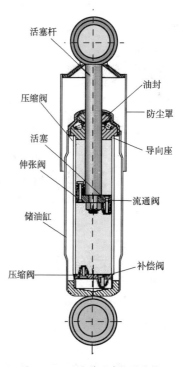

图12-11 双向作用减振器结构

减小的容积,一部分油液于是就推开压缩阀,流回储油缸。这些阀对油的节约形成悬架受压缩运动的阻尼力。减振器在伸张行程时,车轮相当于远离车身,减振器受拉伸。这时减振器的活塞向上移动。活塞上腔油压升高,流通阀关闭,上腔内的油液推开伸张阀流入下腔。由于活塞杆的存在,自上腔流来的油液不足以充满下腔增加的容积,致使下腔产生一真空度,这时储油缸中的油液推开补偿阀流进下腔进行补充。由于这些阀的节流作用对悬架在伸张运动时起到阻尼作用。

由于伸张阀弹簧的刚度和预紧力设计的大于压缩阀,在同样压力作用下,伸张阀及相应的常通缝隙的通道截面积总和小于压缩阀及相应常通缝隙通道截面积总和,这使得减振器的伸张行程产生的阻尼力大于压缩行程的阻尼力,达到迅速减振的要求。

五 横向稳定杆

横向稳定杆,如图12-12所示。

图12-12 横向稳定杆结构

(1)横向稳定杆的作用:由于汽车高速行驶转弯时,车身会产生较大的侧向倾斜和侧向角振动。而为了提高悬架的侧倾角刚度,减小侧倾,常在悬架中加设稳定杆。

(2)横向稳定杆的结构:弹簧钢制成的横向稳定杆呈扁平的U形,横向地安装在汽车前端或后端(也有汽车前后都装横向稳定杆)。横向稳定杆的中部的两端自由地支承在两个橡胶套筒内,套筒固定于车架上。横向稳定杆的两侧纵向部分的末端通过支杆与悬架下摆臂上的弹簧支座相连。

(3)横向稳定杆的工作原理:当两侧悬架变形相同时,横向稳定杆不起作用。当两侧悬架变形不等时,车身相对路面横向倾斜时,车架一侧移近弹簧支座,稳定杆的同侧末端就随车架向上移动,而另一侧车架远离弹簧座,相应横向稳定杆的末端相对车架下移,横向稳定杆中部对于车架没有相对运动,而稳定杆两边的纵向部分向不同方向偏转,于是稳定杆被扭转。弹性的稳定杆产生扭转内力矩就阻碍悬架弹簧的变形,减少了车身的横向倾斜和横向角振动。

六 独立悬架

根据导向机构不同的结构特点,独立悬架可分为:双横臂、单横臂、纵臂式、单斜臂、多杆式及滑柱连杆式等等。按目前采用较多的有以下三种形式:双横臂式、滑柱连杆式、斜置单臂式。按弹性元件采用不同分为:螺旋弹簧式、扭杆弹簧式、气体弹簧式。采用更多的是螺旋弹簧。

1. 麦弗逊式前悬架

现代轿车前悬架是独立悬架,采用麦弗逊式前悬架又称滑柱连杆式悬架,目前在轿车中应用非常广泛如图12-13所示。它主要由螺旋弹簧、双向筒式减震器、悬架柱焊接件、限位缓冲器、橡胶防尘罩等部件组成。筒式减震器上端连接车身,下端用球铰链与悬架下摇臂相连接,主销轴线为上下两铰链的中心连线，当车轮上下运动时，减震器下支点随悬架摇臂摆动。因此，当悬架变形时，车轮、主销的倾角和轮距都会发生变化。这种悬架结构简单，布置紧凑，操纵稳定性好，用在前悬架中能增大两前轮内侧的空间，故多用于发动机前置前轮驱动的轿车上。

多杆式悬架，如图12-15所示。上连杆9用支架11与车身(或车架)相连，上连杆9外端与第三连杆7相连。上杆9的两端都装有橡胶隔振套。第三连杆7的下端通过重型止推轴承与转向节连接。下连杆5与普通的下摆臂相同，下连杆5的内端通过橡胶隔振套与前横梁相连接。球铰将下连杆5的外端与转向节相连。多杆沿前悬架系统的主销轴线从下球铰延伸到上面的轴承，它与上连杆和第三连杆无关。多杆悬架系统具有良好操纵稳定性，可减小轮胎磨损。这种悬架减振器和螺旋弹簧不像麦弗逊悬架那样沿转向节转动。

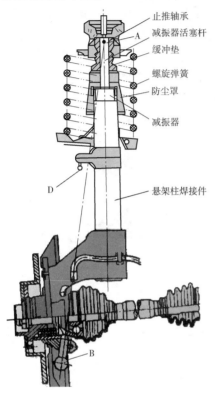

图12-13 独立悬架结构示意图

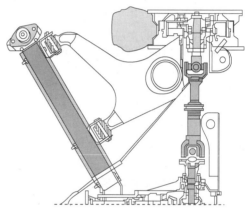

图12-14 斜置单臂式独立悬架结构示意图

② 斜置单臂式独立悬架

这种悬架是单横臂和单纵臂独立悬架的折中方案,如图12-14所示。其摆臂绕与汽车纵轴线具有一定交角的轴线摆动，选择合适的交角可以满足汽车操纵稳定性要求。这种悬架适于作后悬架。

③ 多杆式独立悬架

独立悬架中多采用螺旋弹簧，因而对于侧向力，垂直力以及纵向力需加设导向装置即采用杆件来承受和传递这些力。因而一些轿车上为减轻车重和简化结构采用

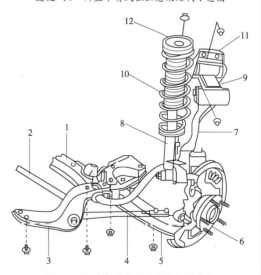

图12-15 多杆式独立悬架结构示意图

1-前悬架横梁；2-前稳定杆；3-拉杆支架；4-黏滞式拉杆；5-下连杆；6-轮毂转向节总成；7-第三连杆；8-减振器；9-上连杆；10-螺旋弹簧；11-上连杆支架；12-减振器隔振块

七 非独立悬架

非独立悬架结构简单,被广泛用于小货车和客车的前后悬架。有的轿车的后悬架也有采用非独立悬架。

1. 螺旋弹簧非独立悬架

一般轿车后悬架采用螺旋弹簧非独立悬架,如图12-16所示。两根纵向推力杆的中部与后桥焊接成一体,前端通过橡胶的支撑座与车身作铰链连接,后端与轮毂相连接。纵向推力杆用以传递纵向力和力矩。整个后桥、纵向推力杆和车轮可绕支承座的铰支点连线相对于车身作上下纵向摆动。螺旋弹簧的上端装在弹簧上座中,下端则支撑在减振器外壳的弹簧下座上,它只承受垂直的力。减振器的上端与弹簧上座一起在车身底部的悬架支座中,下端则与纵向推力杆相连接。采用这种结构的悬架,遇到不平路面时螺旋弹簧会产生不同的变形,后桥也会随之扭转变形,这样也就起到横向稳定杆的作用。

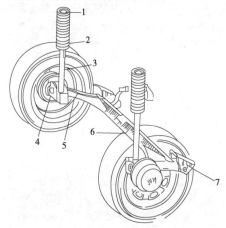

图12-16 非独立悬架结构示意图

1—支承杆座;2—减振支柱;3—减振器;4—轮毂短轴;5—悬架臂;6—横梁;7—带金属橡胶支承的支承座

2. 钢板弹簧式非独立悬架

钢板弹簧被用做非独立悬架的弹性元件,如图12-17所示。由于它兼起导向机构的作用,使得悬架系统大为简化。这种悬架广泛用于货车的前、后悬架中。它中部用U形螺栓将钢板弹簧固定在车桥上。悬架前端为固定铰链,也称死吊耳。它由钢板弹簧销钉将钢板弹簧前端卷耳部与钢板弹簧前支架连接在一起,前端卷耳孔中为减少磨损装有衬套。后端卷耳通过钢板弹簧吊耳销与后端吊耳与吊耳架相连,后端可以自由摆动,形成活动吊耳。当车架受到冲击弹簧变形时两卷耳之间的距离有变化的可能。

图12-17 钢板弹簧式非独立悬架结构示意图

为了提高汽车的平顺性,有些轻型货车采用主簧下加装副簧,实现渐变刚度钢板弹簧。如南京汽车工业公司引进的依维柯后悬架。其主簧由厚度为9mm的4片(或3片)和副簧厚度为15mm的2片(或3片)组成几种车型渐变刚度钢板弹簧。在小载荷状况时,仅主簧起作用,而当载荷增到一定值时,主簧与副簧接触,共同发挥作用,悬架刚度得到提高,弹簧特性变为非线性的,当副簧全部参加工作后,弹簧特性又变成线性的。这类悬架特点是副簧逐渐随载荷增加而参加工作,因此悬架刚度的变化平稳,改善了汽车行驶平顺性能。

知识链接

一 车架

1 车架的功用

车架俗称"大梁",是整个汽车的装配基体,上装有发动机、变速器、传动轴、前后桥、车身等总成和部件。其功用是安装汽车的各总成和零部件,并使它们保持正确的相对位置;同时还要承受来自车上和地面的各种静、动载荷。为此,车架的结构首先应满足汽车总体布置的要求。其次,车架在承受各种静、动载荷时,应不至于被破坏和发生大的弯扭变形。但为了保证汽车在不平路面上行驶的适应性,其扭转刚度又不能过高。因此,要求车架应具有足够的强度和适合的刚度,同时其质量应尽可能小。此外,还要求车架结构简单,并有利于降低汽车重心和获得较大的转向角,以提高汽车行驶的稳定性和机动性。这一点对轿车和客车更为重要。

2 车架的类型

现代汽车绝大多数都装有独立的车架。汽车车架按其结构形式可分为边梁式、中梁式、无梁式和综合式车架四种类型。目前,汽车上多采用边梁式和无梁式车架,边梁式车架如图12-18所示。

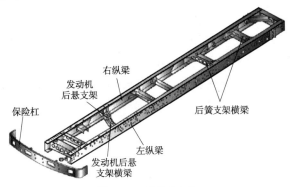

图12-18 边梁式车架

3 车架构造

(1)边梁式车架。

边梁式车架由两根位于两边的纵梁和若干道横梁组成,用铆接和焊接的方法将纵横梁连接成坚固的刚性构架。纵梁常用低碳合金钢钢板冲压而成。其结构具有以下特点:一是从宽度上看有前后等宽、前窄后宽、前宽后窄三种类型;前窄使前轮具有足够的偏转角度,提高了车辆的机动性能;后窄用于重型汽车,便于布置双胎;二是从平面度上看有水平的和弯曲的两种形式,水平的纵梁便于零部件、总成的安装和布置;弯曲的纵梁可以降低车辆重心;三是从断面的形状上看有槽形、Z字形、工字形和箱形四种,这些形状主要为了在满足质量小的前提下,车架具有足够的强度和刚度,以承受各种载荷。横梁多为槽形,其数量、结构形式在纵梁上的布置应该满足汽车总体布置的需要和车架刚度、强度的要求。通常载重汽车上采用五根或五根以上的横梁。边梁式车架结构简单，便于整车的布置，并有利于汽车的改装变形和发展多品种，所以在各种类型的汽车上应用非常广泛。

（2）中梁式车架。

中梁式车架只有一根位于中央而贯穿汽车全长的纵梁，亦称为脊骨式车架，如图12-19所示。

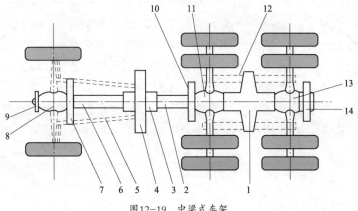

图12-19 中梁式车架

1—连接桥；2—中央脊梁；3—分动器壳；4—驾驶室后部及货箱副梁前部托架；5—前悬架扭杆弹簧；6—前脊梁；7—发动机后部及驾驶室前托架；8—前桥壳；9—发动机前托架；10—连接货箱副梁的托梁；11—中桥壳；12—后悬架的钢板弹簧；13—后桥壳；14—连接货箱副梁的托架

中梁的断面可做成管形、槽形或箱形。中梁的前端做成伸出支架，用以固定发动机，而主减速器壳通常固定在中梁的尾端，形成断开式后驱动桥。中梁上的悬伸托架用以支承汽车车身和安装其他机件。若中梁是管形的，传动轴可在管内穿过。

①优点：有较好的抗扭转刚度和较大的前轮转向角，在结构上容许车轮有较大的跳动空间，便于装用独立悬架，从而提高了汽车的越野性；与同吨位的载货汽车相比，其车架轻，整车质量小，同时质心也较低，故行驶稳定性好；车架的强度和刚度较大；脊梁还能起封闭传动轴的防尘罩作用。

②缺点：由于制造工艺复杂，精度要求高，总成安装困难，维护修理也不方便，因此应用得并不广泛。

③车架常见的损伤及原因：车架侧向弯曲（侧摆）、车架向下弯曲（下陷）、车架扭曲、车架纵弯曲。

（3）综合式车架。

综合式车架是由边梁式和中梁式车架联合构成的，如图12-20所示。

车架的前段或后段是边梁式结构，用以安装发动机或后驱动桥，而车架的另一段是中梁式结构的支架可以固定车身，传动轴从中梁的中间穿过，使之密封防止灰尘。

（4）无梁式车架。

有些轿车和大型客车采用无梁式车架。无梁式车架如图12-21所示。

以车身兼代车架，汽车上的零部件、总成都安装在车身上，所有的力也由车身来承受，称为无梁式车架，也称为承载式车身，广泛用于轿车和小型客车上，如上海桑塔纳、一汽奥迪轿车均为承载式车身。

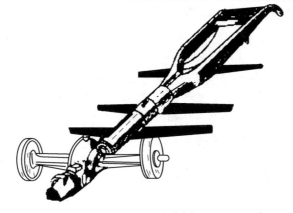

图12-20 综合式车架

图12-21 无梁式车架

二、车桥

1. 车桥功用

汽车车桥位于悬架与车轮之间，其两端安装车轮，通过悬架与车架（或承载式车身）相连接。其作用是：传递车架（或承载式车身）与车轮之间的各种作用力及其力矩。

2. 车桥类型

按悬架的结构形式不同，车桥可分为断开式和整体式两种。断开式车桥为活动关节式结构，它与独立悬架配合使用；整体式车桥的中部是刚性实心或空心梁。它多配用非独立悬架。

按车轮的不同运动方式，车桥又可分为转向桥、驱动桥、转向驱动桥和支承桥四种类型。其中转向桥和支持桥都属于从动桥。在后轮驱动的汽车中，前桥不仅用于承载，而且兼起转向作用，称为转向桥；后桥不仅用于承载，而且兼起驱动的作用，称为驱动桥。越野汽车和前轮驱动汽车的前桥，除了具有承载和转向的作用外，还兼起驱动作用，所以称为转向驱动桥。只起支撑作用的车桥称为支持桥。挂车的车桥就是支持桥。

支持桥除不能转向外，其他功能和结构与转向桥类似。

（1）转向桥。

①功用。转向桥通常位于汽车的前端，能使左右车轮偏转一定的角度，以实现汽车转向，同时还要承受垂直载荷和由道路、制动等产生的纵向力和侧向力，以及这些力所形成的力矩。因此，转向桥必须有足够的强度和刚度；车轮转向过程中内部部件之间的摩擦力应尽可能小；并且保证汽车转向轻便和方向的稳定性。

②组成。转向桥是由前轴、转向节、主销和轮毂等部件组成，如图12-22所示。

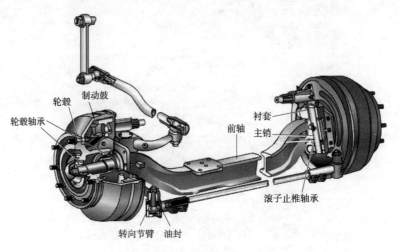

图12-22 转向桥

前轴断面一般是工字形，为提高抗扭强度，在接近两端各有一个加粗部分成拳形，其中有通孔，主销即插入此孔内，中部向下弯曲成凹形，其目的是使发动机位置得以降低，从而降低汽车质心；扩展驾驶员视野；减小传动轴与变速器输出轴之间的夹角。

转向节是车轮转向的铰链，它是一个叉形件，上下两叉有安装主销的两个同轴孔，转向节轴颈用来安装车轮。转向节上销孔的两耳通过主销与前轴两端的拳形部分相连，使前轮可绕主销偏转一定角度而使汽车转向。

主销是铰接前轴及转向节，使转向节绕着主销摆动以实现车轮的转向。主销的中部切有凹槽，安装时用主销固定螺栓与它上面的凹槽配合，将主销固定在前轴的拳形孔中。主销与转向节上的销孔是动配合，以便实现转向

轮毂通过两个圆锥滚子轴承支承在转向节外端的轴颈上。轴承的松紧度可用调整螺母（装于轴承外端）加以调整。

（2）转向驱动桥。

转向驱动桥具有转向和驱动两种功能。它既具有一般驱动桥的基本部件，还具有转向桥特有的主销等，如图12-23所示。

转向驱动桥具有一般驱动桥所具有的主减速器、差速器及半轴，也具有一般转向桥所具有的转向节壳体、主销和轮毂等。它与单独的驱动桥、转向桥相比，其不同之处是：由于转向所需要半轴被分为两段，分别叫内半轴（与差速器相连接）和外半轴（与轮毂连接），二者用等角速万向节连接起来，同时，主销也因此分成上下两段，分别固定在万向节的球形支座上。转向节轴颈做成空心，以便外半轴从中穿过。转向节的连接叉是球

状转向节壳体，既满足了转向的需要，又适应了转向节的传力，转向驱动桥也广泛地应用到全轮驱动的越野汽车上。

图12-23　转向驱动桥

（3）支持桥（图12-24）。

支持桥属于从动桥，单桥驱动的三轴汽车，后桥设计成支持桥，挂车上的车桥也是支持桥，发动机前置前驱动轿车的后桥也属于支持桥。

图12-24　支持桥

任务 2 减振器的检查与更换

一、前轮减振器的拆装（以桑塔纳2000为例）

（1）桑塔纳台架进入工位前，如图12-25所示，学生将工位卫生清理干净，排除障碍物，准备好相关的工具、物品和耗材等。

图12-25　桑塔纳台架

（2）用车轮专用工具φ30mm套筒、接杆和扭力扳手组合好后，拧松轮毂固定螺母，如图12-26所示，并旋出螺母，取出垫圈。

图12-26　拆下轮毂固定螺母

（3）用φ17mm专用接头和棘轮扳手（图12-27），拆下制动蹄总成如图12-28所示，并将制动蹄总成挂好。

图12-27　传递工具

图12-28　拆卸制动蹄总成

（4）拔下轮速传感器导线插头，如图12-29所示，并从减振器卡箍内脱出传感器线束。

注意

拔插轮速传感器导线插头时应关闭点火开关，防止损坏电控单元；拔轮速传感器导线插头时严禁使用一字螺丝刀等类似工具进行撬动，防止损坏插头和电器元件。

用内六角扳手拧松轮速传感器的固

定螺栓，取出固定螺栓后，用手转动拔出轮速传感器，并将工具以及轮速传感器放好。

图12-29 拆卸前轮轮速传感器

轮速传感器应放好，否则会损坏轮速传感器。

（5）用φ17mm套筒和棘轮扳手组合后将悬架控制臂球头螺栓固定住，再用套筒扳手拧松螺母，取出悬架控制臂球头，如图12-30所示。

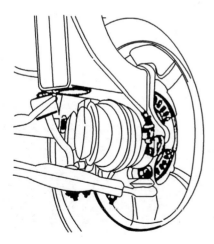

图12-30 拆卸悬架控制臂球头螺栓

（6）用φ14mm套筒和棘轮扳手组合后拧下转向横拉杆球头固定螺母，如图12-31所示。将球头拆卸工具固定在球头销和转向节上，如图12-32所示。一只手扶着球头拆卸工具，一只手用扳手旋入螺杆，慢慢地将球头压出并放好。

图12-31 拆卸转向横拉杆球头固定螺母

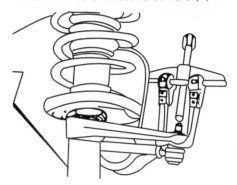

图12-32 拆卸转向横拉杆球头

（7）向外拉动制动盘，使减振器总成与传动轴总成分开连接，如图12-33所示。

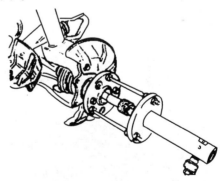

图12-33 用顶拔器拆卸传动轴总成

如外万向节和轮毂内孔配合比较紧而拆下困难时，可以使用顶拔器来进行拆卸。

（8）将拆卸减振器活塞杆固定螺母

专用工具放到减振器活塞杆固定螺母上，如图12-34所示。一只手握住手柄，另一只手用开口扳手转动套筒拧松活塞杆固定螺母，然后用手托住减振器总成，拧下活塞杆固定螺母后取下减振器总成。

图12-34　拆卸减振器活塞杆固定螺母

（9）用专用弹簧压缩器对减振器总成进行分解，如图12-35所示。将弹簧压缩器对称安装到减振器总成上的螺旋弹簧上面，如图12-36所示。两人用22mm的开口扳手同时旋转弹簧压缩器上面的两根螺杆，一直旋到螺旋弹簧离开上下弹簧护圈。

图12-35　弹簧压缩器

图12-36　拆卸螺旋弹簧

（10）用专用工具拧松轴承固定螺母并旋下固定螺母，并将轴承固定螺母放好。依次取下开槽螺母、轴承、弹簧护盖、缓冲块、防尘罩以及螺旋弹簧，如图12-37所示。

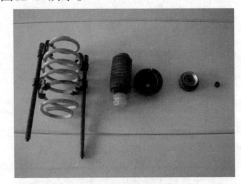

图12-37　悬架各部件

（11）扶住减振器总成，用管钳拧松减振器螺母盖，如图12-38所示。旋下螺母盖取出减振器，如图12-39所示。

图12-38　拆卸减振器

图12-39　减振器

（12）对零部件进行检查：减振器性能是否正常，有无漏油，有损坏或漏油的应更换；缓冲块和防尘罩是否有老化或破裂，如有应进行更换；支撑轴承是否有转动卡滞、异响、旷动现象，如有应进行更换；螺旋弹簧有无变形或弹力是否不足，如有应进行更换。

（13）对前轮减振器进行安装，按拆卸的相反顺序进行安装。

（14）安装结束后，整理工具和清理场地。

二 后轮减振器的拆装（以桑塔纳2000为例）

（1）桑塔纳台架车辆进入工位前，学生将工位卫生清理干净，排除障碍物，准备好相关的工具、物品和耗材等，如图12-40所示。

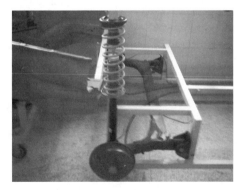

图12-40 桑塔纳台架进入工位

（2）用梅花扳手（图12-41），将减振器活塞的固定螺母拧松，并旋下固定螺母，如图12-42所示。

图12-41 传递梅花扳手

图12-42 拆卸减振器活塞的固定螺母

（3）用17~19mm梅花扳手，将固定螺栓螺母固定住，再用另一把17~19mm梅花扳手拧松螺母，如图12-43所示。旋下螺母后将撬棒放入到后桥的圆孔中，用力把后桥向下压，再用鲤鱼钳夹住螺栓转动并向外拉出减振器固定螺栓，并再继续用力向下压后桥，取下减振器总成。

图12-43 拆卸减振器固定螺栓螺母

（4）对后减振器总成进行分解，如图12-44所示。依次取出上轴承环、隔套、缓冲块、波纹橡胶管、上弹簧座、螺旋弹簧、下弹簧座和减振器，如图12-45所示。

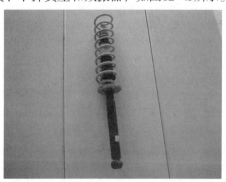

图12-44 分解减振器总成

图12-45 后减振器总成各部件

波纹橡胶管是否有老化或破裂,如有应进行更换;支撑轴承是否有转动卡滞、异响、旷动现象,如有应进行更换;螺旋弹簧有无变形或弹力是否不足,如有应进行更换。

(6)对后轮减振器进行安装,按拆卸的相反顺序进行安装。

(7)安装结束后,整理工具和清理场地。

(5)对零部件进行检查。缓冲块和

知识链接

一 电控悬架的功用

电控悬架系统的基本目的是通过控制调节悬架的刚度和阻尼力,突破传统被动悬架的局限性,使汽车的悬架特性与道路状态相适应,从而使汽车行驶的平顺性和操纵的稳定性要求都能得到满足。其基本功能有以下几个方面。

① 车高调整

无论车辆的负载多少,都可以保持汽车高度一定,车身保持水平,从而使前照灯光束方向保持不变;当汽车在坏路面上行驶时,可以使车身升高,防止车桥与路面相碰;当汽车高速行驶时,又可以使车高降低,以便减少空气阻力,提高操纵稳定性。

② 减振器阻尼力控制

通过对减振器阻尼系数的调整,防止汽车急速起步或急加速时车尾下蹲;防止紧急制动时的车头下沉;防止汽车急转弯时车身横向摇动;防止汽车换挡时车身纵向摇动等,提高行驶的平顺性和操纵稳定性。

③ 弹簧刚度控制

与减振器一样在各种工况下,通过对弹簧系数的调整,来改善汽车的乘坐舒适性与操纵稳定性。

二 汽车电控悬架的类型

现代汽车装用的电控悬架系统种类很多,按传力介质的不同可分为气压式和油压式两种,按控制理论不同电控悬架系统可分为半主动式、主动式两大类,其中半主动式又分为有级半主动式(阻尼力有级可调)和无级半主动式(阻尼力连续可调)两种,主动式悬架根据频带和能量消耗不同，可分全主动式和慢全主动式；而根据驱动机构和介质不同，可分为电磁阀驱动的油气主动式悬架和由步进电动机驱动的空气主动式悬架。

无级半主动悬架可以根据路面的行驶状态和车身的响应对悬架阻尼力进行控制，并在几毫秒内由最小变化到最大，使车身的振动响应始终被控制在某个范围内，但在转向、起步、制动等工况时不能对阻尼力实施有效的控制。它比全主动式悬架优越的地方是不需要外加动力源，消耗的能量很少，成本较低。

主动式悬架是一种能供给和控制动力源（油压、空气压）的装置。根据各种传感器检测到得汽车载荷、起动、制动、转向等状况的变化，自动调整悬架的刚度、阻尼力以及车身高度等。它能显著提高汽车的操纵稳定性和乘坐舒适性。

三 电控悬架系统结构与工作原理

1 电控悬架系统结构

电控悬架系统基本是由四个部分组成，如图12-46所示。

（1）传感器：车高传感器、车速传感器、加速度传感器、转向盘转角传感器、节气门位置传感器。

（2）开关：模式选择开关、制动灯开关、停车开关、车门开关。

（3）电子控制单元：ECU。

（4）执行机构：可调阻尼力的减振器、可调节弹簧高度和弹性大小的弹性元件等。

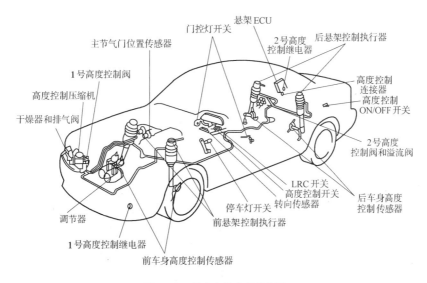

图12-46 轿车电控悬架结构图

2 电控悬架系统基本工作原理

电控悬架系统的基本工作原理，如图12-47所示。

车身状态传感器和开关给 ECU 提供加速度、位移及其他目标参数等信号，ECU 根据各传感器送来的信号进行运算分析,向悬架执行元件发出指令信号,使执行元件(如阻尼调节步进电机) 产生一定的机械动作,调节悬架参数的执行器(电磁阀、步进电机等) 改变悬架的刚度、阻尼系数和车身高度,使车辆在行驶过程中具有良好的平顺性和操纵稳定性。

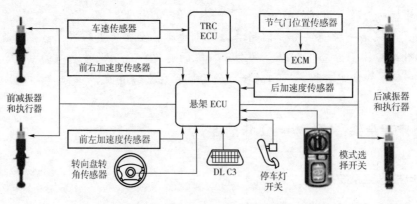

图12-47　电控悬架系统的基本工作原理图

项目十三

车轮动平衡检测

 知识点

1. 了解车轮的功用和构造;
2. 理解轮辋规格的含义。

 技能点

1. 知道轮胎动平衡机的使用和操作方法;
2. 掌握车轮动平衡的检测与调整。

 参考学时及教学组织安排

　　本项目总学时为8学时,其中:理论教学为2学时,示范为1学时,学生练习为5学时。

　　理论教学采用多媒体辅助教学,并结合实物讲解,使学生了解车轮的功用和构造、理解轮辋规格的含义。

　　实践教学采用项目教学法,根据实训设备的台套数,学生分组熟悉轮胎动平衡机的使用和操作方法,进行车轮动平衡的检测与调整的项目教学。教师讲解并示范操作步骤和注意事项,适时下达操作指令,并进行工位间巡视、检查、指导和纠正错误。

项目实施所需设备、器材

车轮动平衡机

车轮总成

卡夹式平衡块

定位锥体

平衡块拆卸钳

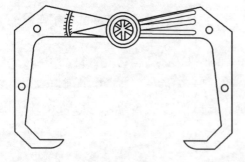

车轮动平衡机专用卡尺

气压表

任务 1　车轮的认知

汽车车轮总成是汽车行驶系的重要部件，如图13-1所示，主要由车轮和轮胎两大部分组成，除此之外还有装饰件、平衡块等附属装置。

图13-1　车轮总成

一　车轮的功用

车轮是介于轮胎和车桥之间承受载荷的旋转组件，其功用是安装轮胎，承受轮胎与车桥之间的各种载荷。

二　车轮的构造

车轮一般由轮毂、轮辐和轮辋组成，如图13-2所示。

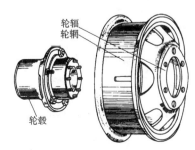

图13-2　车轮的构造

① 轮毂

轮毂用于连接车轮与车桥，通过圆锥滚子轴承装在车桥或转向节轴径上。

② 轮辐

轮辐用于将轮毂和轮辋连接起来。

按轮辐的结构不同，车轮可以分为辐板式和辐条式。

（1）辐板式车轮：轿车辐板式车轮所用板材较薄，为提高其刚度，常冲压成起伏多变的形状，如图13-3所示。它质量轻，尺寸精度高，生产工艺好，美观大方。

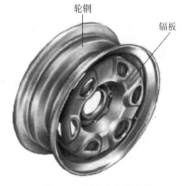

图13-3　轿车辐板式车轮

货车辐板式车轮如图13-4所示。

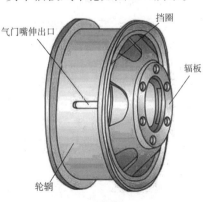

图13-4　货车辐板式车轮

项目十三　车轮动平衡检测

（2）辐条式车轮分为钢丝辐条式和铸造辐条式。钢丝辐条式车轮如图13-5所示，其价格昂贵、维修安装不便，主要用于赛车和某些高级轿车上。

图13-5 钢丝辐条式车轮

铸造辐条式车轮如图13-6所示，其辐条与轮毂铸成一体，常用于重型货车上。

图13-6 铸造辐条式车轮

3 轮辋

轮辋也叫钢圈，用于安装和固定轮胎。轮辋是轮胎的装配基础，原则上每种轮胎只配用一种标准轮辋，必要时也可使用与标准轮辋相接近的容许轮辋。

（1）轮辋的类型和结构。

按其结构不同，轮辋的常见结构形式有：深槽式轮辋、平底式轮辋和对开式轮辋，如图13-7所示。此外，还有半深槽轮辋、深槽宽轮辋、平底宽轮辋、全斜底轮辋等。

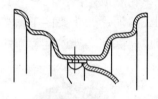

a)深槽式轮辋

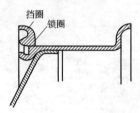

b)平底式轮辋

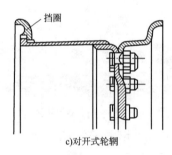

c)对开式轮辋

图13-7 轮辋的常见结构形式

（2）国产轮辋规格的表示方法。

国产轮辋规格用一组数字、字母和符号组合表示，各部分的含义及具体内容如下。

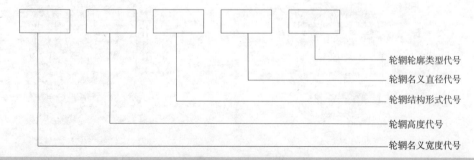

①轮辋名义宽度代号：以数字表示，一般取小数点后两位，单位为英寸（in）。当以毫米（mm）表示时，要求轮胎与轮辋的单位一致。1in=25.4mm。

②轮辋高度代号：用字母表示，常用代号及相应高度值见表13-1。

轮辋的高度代号及高度值（单位：mm）　　　　表13-1

代号	C	D	E	F	G	H	J	K	L	P	R	S	T	V	W
尺寸	15.88	17.45	19.81	22.23	27.94	33.73	17.27	19.26	21.59	25.40	28.58	33.33	38.10	44.45	50.80

③轮辋结构形式代号：用符号"×"表示一件式轮辋；用"—"表示多件式轮辋。一件式轮辋是指轮辋为整体式的，只有一件，而多件式轮辋由轮辋体、挡圈、锁圈等多个部件组成。

④轮辋直径代号：以数字表示，单位为英寸（in）。当以毫米表示时，要求轮胎与轮辋的单位一致。

⑤轮辋轮廓类型代号：用几个字母表示，每个代号所表示的轮辋轮廓类型和结构如图13-8所示。

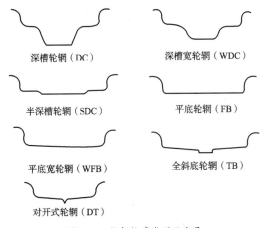

图13-8　轮辋轮廓类型及代号

例：上海桑塔纳2000车型轮辋规格为6.0J×14，表示轮辋的名义宽度为6.0in，轮辋高度为17.27mm，轮辋名义直径为14in，一件式，深槽轮辋。

三　车轮定位

车轮定位包括转向轮定位(也称前轮定位)和后轮定位。

为了保证汽车直线行驶的稳定性和操纵的轻便性，减少轮胎和其他机件的磨损，要求转向车轮、转向节、主销具有一定的相对位置，这种具有一定位置的安装称为转向轮定位，也称前轮定位。它包括主销后倾、主销内倾、前轮外倾及前轮前束四项内容。

1　主销后倾

主销装在前轴上，其上端略向后倾斜。在纵向垂直平面内，主销轴线与垂线之间的夹角称为主销后倾角，如图13-9所示。主销后倾角的作用主要是为了保持汽车直线行驶的稳定性，并在汽车转向时能使前轮自动回正。现代汽车的主销后倾角一般不超过3°。

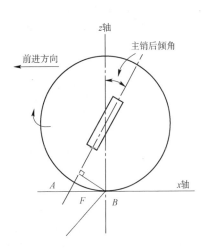

图13-9　主销后倾角示意图

2 主销内倾

主销安装到前轴上后，其上端略向内倾斜，这种现象称为主销内倾，如图13-10所示。在汽车的横向垂直平面主销线与垂线之间的夹角称为主销内倾角。主销内倾角的作用之一能使车轮自动回正；另一个作用是使转向操纵轻便。现代汽车主销后倾角一般不大于8°。

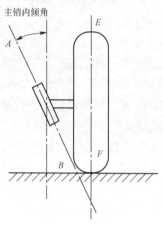

图13-10 主销内倾角示意图

3 前轮外倾

前轮安装在车桥上后，其上端略向外倾斜，这种现象称为前轮外倾。如图13-11所示，车轮旋转平面与纵向垂直平面之间的夹角称为前轮外倾角。前轮外倾角的作用是提高车轮工作的安全性和转向操纵的轻便性。一般前轮的外倾角大约为1°。有的车辆前轮外倾角为负值，如上海桑塔纳轿车为-30′±20′，其作用是在汽车转向时可避免车身过分倾斜。

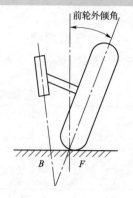

图13-11 前轮外倾角示意图

4 前轮前束

前轮安装后，同一轴上两个前轮的旋转平面不平行，前端略向内束，这种现象称为前轮前束。左右两前轮之间的距离前后不等，后端距离A大于前端距离B，其差值（$A-B$）即称为前束值，如图13-12所示。前轮前束的作用是消除因前轮外倾使汽车行驶时向外张开的趋势，减少轮胎磨损和燃料消耗。一般汽车的前束值为0～12mm,，有的汽车为与负前轮外倾角相配合，其前束值也取负值，如上海桑塔纳轿车前束值为-1～-3mm。

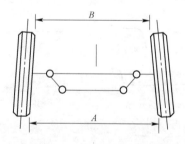

图13-12 前轮前束示意图

任务 2 车轮动平衡机的认知

一、车轮不平衡的危害及原因

1. 车轮不平衡的危害

车轮总成是高速旋转部件，如果其不平衡，在高速行驶时会产生共振，影响操纵稳定性和乘坐舒适性，加速轮胎的磨损，甚至会造成严重的交通事故。因此，汽车在使用和维修过程中，必须进行车轮动平衡检测和调整。

2. 车轮不平衡的原因

（1）质量分布不均匀，如轮胎产品质量欠佳、翻新胎、补胎、胎面磨损不均匀及在外胎与内胎之间垫带等。

（2）轮辋、制动鼓变形。

（3）轮毂与轮辋加工质量不佳，如中心不准、轮胎螺栓孔分布不均、螺栓质量不佳等。

二、车轮动平衡的方法

车轮动平衡，就是根据动平衡机检测结果，在相应位置沿轮辋分配平衡块，抵消车轮总成中较重的那部分。

平衡块又称配重，一般有卡夹式平衡块和粘贴式平衡块，粘贴式平衡块如图13-13所示。

卡夹式平衡块大多数用于轮辋有卷边的车轮，如图13-14所示。对于铝镁合金轮辋，因无卷边可夹，则使用粘贴式平衡块，平衡块通过背面的高强度双面胶固定在轮辋内壁上，如图13-15所示。

图13-14 卡夹式平衡块用于轮辋有卷边的车轮

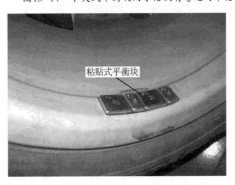

图13-15 粘贴式平衡块用于轮辋无卷边的车轮

三、车轮动平衡机的分类

车轮动平衡机按测量平衡原理可分为静平衡机和动平衡机。由于动平衡的车轮一定处于静平衡状态，因此，只要检测了动平衡，就没有必要检测静平衡。

动平衡机按检测方法可分为离车式和就车式，常见的是离车式动平衡试验。

就车式检测时车轮仍装在车上，如图13-16所示。

图13-13 粘贴式平衡块

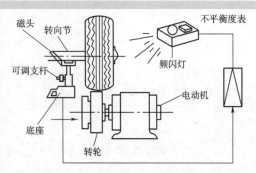

图13-16 就车式车轮动平衡机检测原理

离车式检测就是把车轮从车上拆下，然后在动平衡机上检测其平衡状态。离车式车轮动平衡机按照其主轴的布置不同，分为卧式和立式，如图13-17和图13-18所示。

卧式车轮动平衡机的特点是被测车轮装卸方便，机械结构和传感装置简单，造价低廉，因此，深受汽车维修厂的欢迎。本项目将以卧式车轮动平衡机为对象，介绍其结构和使用方法。

四 离车式车轮动平衡机的构成及各部分的功用

图13-19所示为常见的离车式车轮动平衡机，该动平衡机主要由驱动装置、转轴与支承装置、显示与控制装置、制动装置及防护罩组成。

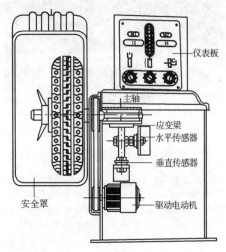

图13-17 卧式车轮动平衡机

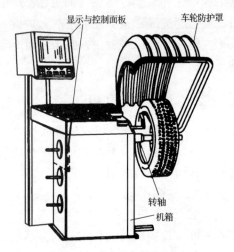

图13-19 离车式车轮动平衡机

驱动装置主要由机箱内的驱动电动机和传动带等组成，其作用是驱动转轴转动。

转轴与支承装置主要由主轴、传感器及支承件等组成。车轮通过定位锥安装在转轴上，其旋转所产生的不平衡力被传感器感知并转变为电信号，经电测系统处理后得到的不平衡质量的数值和位置通过显示装置显示。

显示与控制装置还控制参数的输入、平衡机起动和停止。

制动装置和防护罩起到安全保护作用。

平衡机机箱桌面用来放置平衡块、定位锥体、工具等，如图13-20所示。

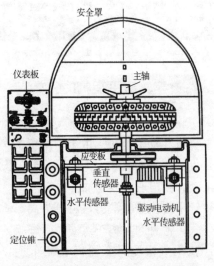

图13-18 立式车轮动平衡机

图13-20 动平衡机机箱桌面

五 离车式车轮动平衡机显示与控制面板介绍

各种型号的平衡机其显示与控制面板略有差异，因而其操作与使用方法也略有不同，操作者应根据具体使用的机型进行操作。以优耐特（UNITE）动平衡机为例，其控制面板的显示区和主要按键的功能如图13-21所示。

离车式车轮动平衡机所要测量并输入的参数有3个，即轮辋边缘到机箱的距离a、轮辋宽度b和轮辋直径d（也可由胎侧读出），如图13-22所示，它们分别通过图13-21中所示的按键进行输入。

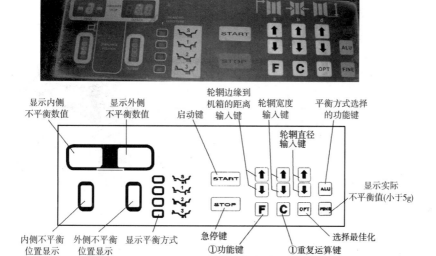

图13-21 离车式车轮动平衡机显示与控制面板

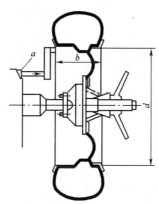

图13-22 离车式车轮动平衡机所要检测的参数

任务 3 车轮动平衡的检测

在进行车轮动平衡检测时，操作人员必须经过认真培训，并阅读车轮平衡机安全操作规程和设备使用说明书后，方可进行操作。

一 车轮平衡机安全操作规程

（1）操作时应保持机器周边通畅。

（2）操作前请确认车轮是否符合平衡机规定的功能范围。

（3）操作人员应穿戴紧身工作服。

（4）操作前应确认车轮安全可靠地锁定在主轴上。

（5）非操作人员请勿进入操作现场。

（6）在启动平衡机之前务必关闭保护罩。

（7）轮胎旋转时，不可开启保护罩。

（8）工作中如遇紧急情况，应立即按下紧急停止按钮。

（9）严禁拆卸保护罩、限位开关等装置。

（10）作业完成后切断电源，及时清理现场，保持设备、环境清洁。

以普通桑塔纳车轮总成为例，介绍车轮动平衡检测与调整。

二 技术参数

（1）普通桑塔纳轮辋和轮胎的规格见表13-2。

普通桑塔纳轮辋和轮胎的规格 表13-2

轮辋型号	5.5J×13
轮胎规格	185/70 R13 86T

（2）普通桑塔纳车轮动平衡技术参数见表13-3。

普通桑塔纳车轮动平衡技术参数 表13-3

项目	技术参数
车轮动态不平衡量（g）	在轮辋边缘上不大于80
轮胎允许不平衡量（g）	不大于0.7%轮胎质量

三 车轮动平衡检测与调整

（1）对被测车轮总成进行清洗，去掉泥土、砂石，拆掉旧平衡块，如图13-23所示。检查轮胎气压，并充气至规定气压值，如图13-24所示。

图13-23 拆掉旧平衡块

图13-24 充气和检查气压

（2）根据轮辋中心孔的大小选择匹配的定位锥体，将车轮总成安装于平衡机上，并用开合螺母锁紧，如图13-25和图13-26所示。

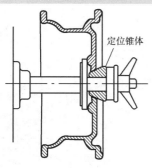

图13-25 选择匹配的定位锥体进行安装

图13-26 用开合螺母锁紧

车轮在平衡机主轴上的定位非常重要，必须根据轮辋中心孔的大小选择合适的定位锥体，将车轮总成安装于平衡机主轴上，并用开合螺母压紧于主轴定位平台上，装夹牢固。离车式平衡机的主轴固定装置装入了精密的位移传感器和易碎裂的压电晶体传感器，因此严禁冲击和敲打主轴。

（3）打开电源开关，检查指示装置是否正常，如图13-27所示。

图13-27 检查指示装置是否正常

（4）拉出平衡机边缘上的标尺抵在轮辋边缘，测量轮辋边缘到机箱的距离，读出此刻度尺的数值，而后按"↑a"或"↓a"键输入，如图13-28和图13-29所示。

图13-28 测量轮辋边缘到机箱的距离

图13-29 输入轮辋边缘到机箱的距离

（5）用专用卡尺量出轮辋宽度，而后按↑b或↓b键输入，如图13-30和图13-31所示。

图13-30 测量轮辋宽度

图13-31 输入轮辋宽度

（6）在轮胎上读取或用专用卡尺量出轮辋直径，而后按↑d或↓d键输入，如图13-32和图13-33所示。

（7）放下防护罩，按START键，车轮旋转，平衡测试开始，微机自动采集数据。

图13-32 从轮胎上读取轮辋直径

图13-33 输入轮辋直径

（8）当车轮自动停转后，从指示装置读出车轮总成内、外动不平衡量，如图13-34所示。

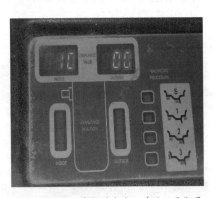

图12-34 显示车轮总成内、外动不平衡量

（9）抬起车轮防护罩，用手慢慢旋转车轮，至内侧不平衡指示灯全亮，停止转动车轮，此时轮辋内侧最高点（时钟12点位置）为内侧不平衡位置，根据动平衡机显示的动不平衡量，在轮辋相应内侧的上部（时钟12点位置）位置，加装指示装置显示的相应质量的平衡块。重复上述操作，在轮辋外侧加上相应的平衡块，平衡块装卡要牢固，如图13-35和图13-36所示。

图13-35 确定动不平衡量位置

图13-36 加装显示的相应质量的平衡块

当不平衡质量超过最大平衡块时，可用两个以上平衡块并列使用，但因多个平衡块占用较大的扇面，会使其有效质量低于实际质量，因此在使用多个平衡块时须慎重处理。加装轮辋内、外侧平衡块时，要分别在相应的动不平衡位置进行。

（10）重新起动动平衡机，进行动平衡试验，直至动不平衡量小于5g，动平衡机显示00或OK时为止，如图13-37所示。

图13-37 重新检测后显示00

（11）取下车轮，关闭电源，整理工具和清理场地，动平衡检测和调整结束。

项目十四

轮胎的拆装

知识点

1. 了解轮胎的功用、类型和构造；
2. 掌握轮胎规格的表示方法。

技能点

轮胎的拆装。

参考学时及教学组织安排

本项目总学时为8学时，其中：理论教学为2学时，示范为1学时，学生练习为5学时。

理论教学采用多媒体辅助教学，并结合实物讲解，使学生了解轮胎的功用、类型和构造，理解轮胎规格的含义。

本项目采用工艺化教学法，根据实训设备的台套数，进行教学。教师讲解并示范操作步骤和注意事项，适时下达操作指令，并进行工位间巡视、检查、指导和纠正错误。

项目实施所需设备、器材

轮胎拆装机

空气压缩机

车轮总成

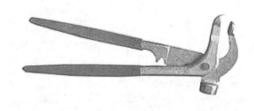

平衡块拆卸钳

任务 1　轮胎的认知

一　轮胎的功用

轮胎是汽车直接与路面接触的重要部件，起到支撑、缓冲、减振和提高附着性的作用。轮胎的状态和好坏直接影响到与路面的附着力、汽车的动力性、制动性和安全性，以及汽车行驶时的舒适性和平稳性。

二　轮胎的类型

（1）按轮胎内空气压力的大小，轮胎分为高压胎（0.5~0.7MPa）、低压胎（0.2~0.5MPa）和超低压胎（0.2MPa以下）。

（2）按轮胎有无内胎，轮胎分为有内胎轮胎和无内胎轮胎（俗称真空胎）。

（3）按胎体帘布层结构的不同，轮胎分为斜交轮胎和子午线轮胎。

目前汽车上应用的轮胎主要是低压（或超低压）、无内胎的子午线轮胎。

三　轮胎的构造

1 有内胎轮胎的构造

有内胎轮胎由外胎、内胎和垫带等组成，使用时安装在汽车车轮的轮辋上，如图14-1所示。

（1）垫带。垫带是一个环形的橡胶带，它垫在内胎与轮辋之间，以保护内胎不被轮辋和胎圈磨伤。

（2）内胎。内胎是一个环形的橡胶管，上面装有气门嘴，以便充入或排出空气，为使内胎在充气状态下不产生褶皱，其尺寸应稍小于外胎的内壁尺寸。

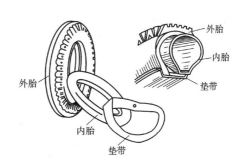

图14-1　有内胎轮胎

（3）外胎。外胎由胎面、帘布层、缓冲层和胎圈组成，如图14-2所示。

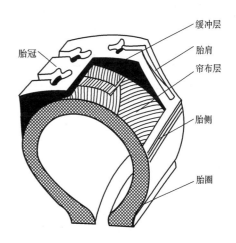

图14-2　外胎的结构

①胎面。胎面是轮胎的外表面，可分为胎冠、胎肩和胎侧3部分。

胎冠与路面直接接触，并产生附着力，使车辆行驶和制动。胎冠的外部是耐磨的橡胶，胎面上制有各种花纹，由于车轮使用环境不同，在胎面上制有的花纹也不同。

胎肩是较厚的胎冠和较薄的胎侧间的过渡部分，一般也制有各种花纹，以提高该部位的散热性能。

胎侧又称胎壁，它由数层橡胶构成，覆盖轮胎两侧，保护内胎免受外部损坏。胎侧上标有厂家名称、轮胎尺寸及其他资料。

②帘布层。帘布层是外胎的骨架，主要用于承受载荷，保持外胎的形状和尺寸，并使其具有足够的强度。帘布层通常由成双数的多层帘布用橡胶贴合而成，相邻层的帘线交叉排列。帘线可以是棉线、人造丝、尼龙和钢丝。按照帘布层帘线排列方式的不同，外胎可以分为斜交轮胎和子午线轮胎，如图14-3所示。

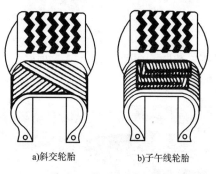

a) 斜交轮胎　　b) 子午线轮胎

图14-3　轮胎的结构形式

斜交轮胎的帘布层和缓冲层各相邻层帘线交叉排列，各帘布层与胎冠中心线成35°～40°的交角，因而称为斜交轮胎。子午线轮胎的胎体帘布层与胎面中心线呈90°或接近90°角排列，帘线分布如地球的子午线，因而称为子午线轮胎。

③缓冲层。缓冲层夹在胎面和帘布层之间，由两层或数层较稀疏的帘布和橡胶制成，弹性较大。其作用是加强胎面与帘布层之间的结合，防止汽车紧急制动时胎面与帘布层脱离，并缓和汽车行驶时所受到的路面冲击。

④胎圈。胎圈由钢丝圈、帘布层包边和胎圈包布组成，有刚度和强度，可以使外胎牢固地安装在轮辋上。

❷ 无内胎轮胎的构造

无内胎轮胎俗称真空胎，在外观上与普通轮胎相似，但是没有内胎及垫带。它的气门嘴用橡胶垫圈和螺母直接固定在轮辋上，空气直接充入外胎中，其密封性由外胎和轮辋来保证，如图14-4所示。

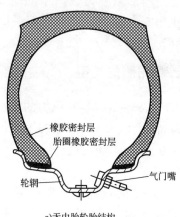

a) 无内胎轮胎结构

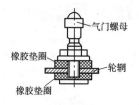

b) 气门嘴结构

图14-4　无内胎轮胎

无内胎轮胎的内壁有一层橡胶密封层，有的在该层下面还有一层自粘层，能自行将刺穿的孔粘合。在胎圈外侧也有一层橡胶密封层，用以加强胎圈与轮辋之间的气密性。无内胎轮胎一旦被刺破，穿孔不会扩大，故漏气缓慢，胎压不会急剧下降，仍能继续行驶一定距离，可消除爆胎的危险。

四、轮胎的规格

轮胎的尺寸标注如图14-5所示。

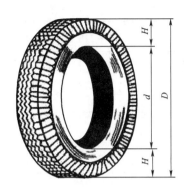

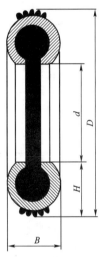

D—轮胎外径；d—轮胎内径或轮辋直径；B—轮胎宽度；H—轮胎高度

图14-5 轮胎的尺寸标注

轮胎的规格号模压在轮胎的侧壁上，以表示该轮胎的主要参数、结构以及所能承受的最大载荷和所能行驶的最高车速等。

（1）低压轮胎的规格。低压轮胎的规格用B-d表示，其中B表示轮胎断面宽度，"—"表示低压轮胎，d表示轮辋直径，单位均为英寸（1in=25.4mm）。

例：9.00—20

"9.00"表示轮胎断面宽度为9.00in，"—"表示低压轮胎，"20"表示轮辋直径为20in。

（2）子午线轮胎的规格。子午线轮胎用B Rd表示，"R"表示子午线轮胎。国产汽车子午线轮胎断面宽B已全部改用米制单位（mm）；载货汽车轮胎断面宽B有英制单位（in）和米制单位（mm）两种。而轮辋直径d的单位仍为英制单位（in）。

例：9.00R20

"9.00"表示轮胎断面宽度为9.00in，"R"表示子午线轮胎，"20"表示轮辋直径为20in。

（3）随着轮胎的扁平化，仅用断面宽度B和轮辋直径d已不能完全表示轮胎的规格，所以在子午线轮胎表达方法的基础上，又增添了许多新的内容。

以上海桑塔纳2000GSi车型轮胎的规格195/60 R 14 85 H为例进行说明。

①195表示轮胎宽度为195mm。
②60表示扁平比为60%。
③R表示子午线轮胎。
④14表示轮胎内径为14in。
⑤85表示荷重等级，即最大载荷质量，荷重等级为85的轮胎的最大载荷质量为515kg。常见的荷重等级及对应的最大载荷质量见表14-1。
⑥H表示速度等级，表明轮胎能行驶的最高车速，速度等级为H的轮胎的最高车速为210km/h。常见的速度等级及对应的最高车速见表14-2。

另外，在轮胎规格前加"P"表示小客车轮胎，在胎侧标有"Reinforced"表示经强化处理，"Radial"表示子午线胎，"Tubeless"（或TL）表示无内胎（真空胎），"M+S"（Mud and Snow）表示适于泥地和雪地，"→"表示轮胎旋向，不可装反。

荷重等级及对应的最大载荷质量 表14-1

荷重等级	最大载荷质量（kg）	荷重等级	最大载荷质量（kg）	荷重等级	最大载荷质量（kg）	荷重等级	最大载荷质量（kg）	荷重等级	最大载荷质量（kg）	荷重等级	最大载荷质量（kg）
70	335	72	355	74	375	76	400	78	425		
71	345	73	365	75	387	77	412	79	437		
80	450	84	500	88	560	92	630	96	710		
81	462	85	515	89	580	93	650	97	730		
82	475	86	530	90	600	94	670	98	750		
83	487	87	545	91	615	95	690	99	775		

速度等级及对应的最高车速 表14-2

速度等级	最高车速（km/h）	速度等级	最高车速（km/h）	速度等级	最高车速（km/h）	速度等级	最高车速（km/h）	速度等级	最高车速（km/h）
L	120	P	150	S	180	H	210	W	270以下
M	130	Q	160	T	190	V	240	Y	300以下
N	140	R	170	U	200	Z	240以上		

五、子午线轮胎的特点

1. 子午线轮胎的构造特点

子午线轮胎由帘布层、带束层、胎冠、胎肩和胎圈组成，并以带束层箍紧胎体，如图14-6所示。

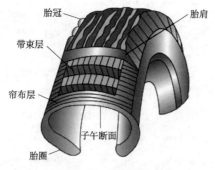

图14-6 子午线轮胎

子午线轮胎帘布层帘线排列的方向与轮胎的子午线断面一致，由于帘线如此排列，使其强度得到充分利用。子午线轮胎的帘布层数一般可比普通斜交轮胎减少40%~50%，胎体较柔软，弹性好。

为了提高承受行驶时产生的较大切向力，子午线轮胎采用具有若干层帘线与子午断面呈大角度（交角为70°~75°）、高强度、不易拉伸的轴向环形的类似缓冲层的带束层，如图14-7所示。带束层通常采用强度较高、拉伸变形很小的织物帘布（如玻璃纤维、聚酰胺纤维等高强度材料）或钢丝帘布制造。子午线轮胎缓冲层层数较多，提高了胎面的刚度和强度。

2. 子午线轮胎的性能特点

（1）子午线轮胎的优点。

①着地面积大，附着性能好，胎面滑

移小,对地面单位压力也小,因此滚动阻力小,使用寿命长。

②轮冠较厚且有坚硬的带束层,不易刺穿;行驶时变形小,可降低油耗3%～8%。

③因为帘布层较少,胎侧薄,所以散热性能好。

④径向弹性大,缓冲性能好,负荷能力较大。

⑤在承受侧向力时,接地面积基本不变,故在转向行驶和高速行驶时稳定性好。

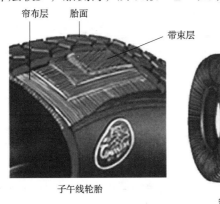

图14-7 子午线轮胎的结构

(2)子午线轮胎的缺点。

①胎侧较薄柔软,胎冠较厚,在其与胎侧的过渡区易产生裂口。

②吸振能力弱,胎面噪声大些。

③制造技术要求高,成本也高。

子午线轮胎性能明显优越于普通斜交胎,因此在轿车上普遍采用,在货车上也越来越多地采用了子午线轮胎。

六 车轮轮胎的异常磨损

1 轮胎的中间部分早期磨损

(1)磨损现象:轮胎的中间出现了早期磨损,如图14-8所示。

(2)主要原因:轮胎充气量过大,轮胎中间凸出与地面接触,如图14-9所示,致使轮胎中间磨损快于两边。

(3)处理方法:测量和调整轮胎的气压,并按期给轮胎换位。

2 轮胎的两边部分早期磨损

(1)磨损现象:轮胎的两边出现了早期磨损,如图14-10所示。

(2)主要原因:轮胎充气不足或长期超负荷行驶,中部略向上拱起,致使轮胎胎肩与地面接触,如图14-11所示,造成轮胎两边磨损快于中间。

图14-8 中间磨损　　图14-9 充气过高

图14-10 胎肩磨损　　图14-11 充气不足

（3）处理方法：测量轮胎的气压，并调整到规定值。汽车使用时限制负荷，防止超载。

3 内侧磨损或外侧磨损

（1）磨损现象：轮胎的外侧或内侧出现了磨损，如图14-12、图14-13所示。

图14-12 外侧磨损

图14-13 内侧磨损

（2）主要原因：轮胎面某一侧的磨损快于另一侧的磨损，其主要原因是外倾角不正确。

对具有正外倾角的轮胎而言，造成了外侧胎面的过量磨损。反之，对具有负外倾角的轮胎，其内侧胎面磨损较快。

（3）处理方法：修理或更换车桥和悬架上的零件，并调整车轮外倾角来解决。

4 前束磨损和后束磨损（羽状磨损）

（1）磨损现象：轮胎出现了前束磨损和后束磨损，如图14-14、图14-15所示。

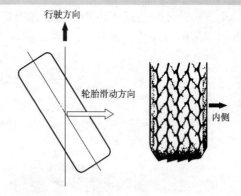
图14-15 后束磨损

（2）主要原因：主要是由于前束或后束调整不当所致。

过量的前束，会迫使轮胎向外滑动，并使胎面的接触面在路面上朝内拖动，造成前束磨损，胎面呈明显的羽毛形（图14-14）；过量的后束，会使轮胎向内滑动，并使胎面的接触面在路面上朝外拖动，造成后束磨损（图14-15）。

（3）处理方法：检查前束和后束，如果前束过量或后束过量，应加以调整。

5 锯齿状磨损

（1）磨损现象：轮胎出现了锯齿状磨损，如图14-16所示。

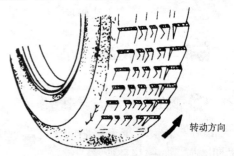
图14-16 前端和后端磨损

（2）主要原因：前轮定位调整不当或前悬架系统位置失常、球头松旷等，使正常滚动的车轮发生支承架滑动或行驶中车轮定位不断变化而造成轮胎锯齿状磨损。

（3）处理方法：调整前轮定位，检查前悬架系统和球头销，必要时进行调整或更换。

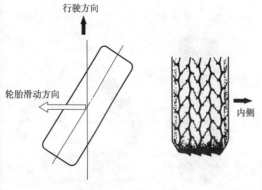
图14-14 前束磨损

任务 2 轮胎拆装机的认知

各种型号的轮胎拆装机其结构略有差异，因而其操作与使用方法也略有不同，操作者应根据具体使用的机型进行操作。

一 轮胎拆装机的构成

轮胎拆装机的主要组成及其名称如图14-17所示。

二 轮胎拆装机的操作与调试

（1）工作台转动控制踏板用来控制工作台的顺转与反转。踩下工作台转动控制踏板，工作台顺时针转动；松开工作台转动控制踏板，工作台就停止转动；用脚往上顶工作台转动控制踏板，工作台逆时针转动。

（2）卡爪控制踏板用来控制卡爪的张开与收缩。卡爪处于收缩状态时，踩一下卡爪控制踏板，卡爪就张开；卡爪处于张开状态时，踩一下卡爪控制踏板，卡爪就收缩。

在扒胎机上锁定轮胎的方法有以下两种。

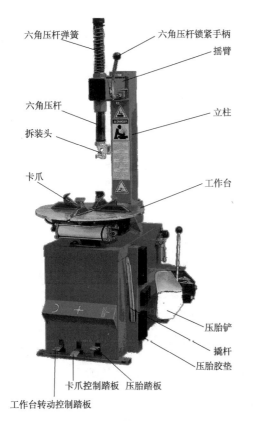
a) 结构图

b) 实物图

图14-17 轮胎拆装机

①轮辋外锁定方法：踩卡爪控制踏板，使卡爪全部张开，把轮胎放在工作台中间，按住轮辋，踩卡爪控制踏板，使卡爪收缩直至卡爪夹紧轮辋为止。

②轮辋内锁定方法：踩卡爪控制踏板，使卡爪全部合上，把轮胎放在工作台中间，按住轮辋，踩卡爪控制踏板，使卡爪张开直至卡爪卡住轮辋为止。

（3）压胎踏板用来控制压胎铲的收缩与张开。踩一下压胎踏板，压胎铲就收缩，然后自动张开。

（4）摇臂可以围绕立柱转动，摇臂调节手柄用来调节摇臂围绕立柱偏转的角度。

（5）六角压杆装在摇臂前端的六角形孔中，可以沿六角形孔上下移动，平时通过六角压杆弹簧把六角压杆顶在摇臂上面，使用时可以用手把六角压杆压下来，然后用六角压杆锁紧手柄把它锁住。拆装头装在六角压杆下面。

任务 3 轮胎的拆装

一 轮胎拆装的方法

轮胎的拆装方法以及所用的设备取决于安装轮胎的轮辋类型。

（1）深槽式轮辋主要用于小客车及轻型越野车，适宜安装尺寸小、弹性较大的轮胎。因为尺寸较大、较硬的轮胎则很难装进这样的整体轮辋内。深槽式轮辋轮胎的拆装常采用轮胎拆装机进行拆装。

（2）平底式轮辋多用于货车。其挡圈是整体的，且用一个弹性锁圈来防止挡圈脱出。安装在平底轮辋上的轮胎在拆卸时，先把气放掉，用一根橇杆橇起弹性锁圈的开口，然后用两根橇杆轮流橇起弹性锁圈的其余部分，拿下弹性锁圈，再取下挡圈和轮胎。安装时，先将轮胎套在轮辋上，套上挡圈，放上弹性锁圈，用一根橇杆敲打弹性锁圈的开口处，使弹性锁圈的一端先进入，然后一面压住，一面再敲打其余部分，使整个弹性锁圈全部嵌入环形槽中。

（3）对开式轮辋主要用于载质量较大的重型货车和大型客车。这种轮辋由内外两部分组成，两者用螺栓连成一体，所以安装在对开式轮辋上的轮胎在拆卸时，只要把气放掉，然后拆卸螺栓即可。安装轮胎时，也只要装上螺栓，充上气即可。

二 轮胎的拆装

以普通桑塔纳汽车轮胎为例，介绍轮胎的拆装。

普通桑塔纳汽车轮辋和轮胎的规格见表13-2，它是一件式深槽轮辋，所以采用轮胎拆装机进行拆装。

1 拆卸轮胎

（1）放尽轮胎中的空气，卸去所有平衡块，如图14-18和图14-19所示。

图14-18 放尽轮胎中的空气

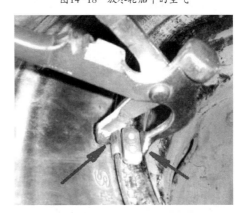

图14-19 卸去所有平衡块

提醒

在进行任何操作之前，操作者都应先穿戴好紧袖工作衣和工作帽。任何挂钩、缠绕都会引发严重的安全事故。

（2）拆开胎唇。将轮胎靠在拆装机右边的压胎胶垫上，把压胎铲顶在胎唇上（离轮辋边1cm以上），踩下压胎踏板，压胎铲向内收缩，使胎唇松开。沿着轮辋在轮胎两边转换角度重复以上动作，直到两边胎唇全部松开，如图14-20所示。

图14-20 拆开胎唇

注意

操作时，严禁将腿放在压胎铲内部，严禁将手放入拆装头底部和卡爪内部。

（3）锁定车轮。气门嘴朝上，把车轮总成放到扒胎机上，采用轮辋内锁定方法把车轮总成固定好。在胎唇上涂抹润滑液，如图14-21和图14-22所示。

图14-21 锁定车轮总成

图14-22 涂抹润滑液

（4）定位和固定拆装头。调节摇臂调节手柄，使摇臂转到所要工作的位置，向上转动六角压杆锁紧手柄，使六角压杆松开，压下六角压杆，直至拆装头接触轮辋的上边缘，再向下转动六角压杆锁紧手柄，锁住六角压杆，锁住摇臂，并使拆装头自动离轮辋2~3mm，如图14-23所示。

图14-23 定位和固定拆装头

（5）将轮胎上部扒离轮辋。将撬杆插到拆装头前端的胎唇内，用撬杆撬开轮胎外缘，以拆装头作支点，将撬杆按压在拆装器上，如图14-24所示。踩工作台转动控制踏板，使工作台顺时针转动，直至轮胎上边缘完全与轮辋分离。

图14-24 将轮胎上部扒离轮辋

（6）将轮胎下部扒离轮辋。将撬杆插到拆装头前端轮胎下部边缘的胎唇内，将轮胎向上抬，使轮胎下部边缘靠近拆装头，重复上一步骤，将轮胎的下边缘拆出，如图14-25和图14-26所示。

图14-25 将轮胎沿撬杆向上抬

图14-26 将轮胎下部扒离轮辋

在拆装过程中，一旦操作不当或出现意外情况时，应立即松开工作台转动控制踏板，使工作台停止转动，必要时还可以使工作台反转。

（7）取下轮胎和车轮。松开六角压杆锁紧手柄，使六角压杆抬高，取下轮胎。踩卡爪控制踏板，放松卡爪，取下车轮，如图14-27所示。

图14-27 取下轮胎

2 安装轮胎

（1）固定车轮，安放轮胎，定位和固定拆装头。把车轮放到扒胎机上，用轮辋内锁定方法把轮胎总成固定好，将轮胎斜放在轮辋上，让摇臂复位到拆卸轮胎时的位置，压下并锁止六角压杆，在胎唇上涂抹润滑液，如图14-28和图14-29所示。

图14-28 固定车轮，安放轮胎

图14-29 定位和固定拆装头

单向花纹轮胎相对于旋转方向而言，具有方向性。安装时，要注意轮胎的内、外侧，胎面花纹的尖端要与车轮的旋转方向一致。

（2）将轮胎下部装入轮辋。将轮胎下边唇左侧一段轮边置于拆装头尾部的上方，右侧一段轮边置于拆装头头部下方，用手压住轮胎，转动工作盘，将轮胎下部装入轮辋，如图14-30所示。

图14-30 将轮胎下部装入轮辋

（3）将轮胎上部装入轮辋。重复上一步骤，将轮胎上部装入轮辋，如图14-31所示。

图14-31 将轮胎上部装入轮辋

在装轮胎的上边缘时，更要边转边压，以便让轮胎能顺利装入轮辋。

（4）松开六角压杆锁紧手柄，使六角压杆抬高，踩卡爪控制踏板，放松卡爪，取下轮胎总成。

（5）最后给轮胎充气，如图14-32所示，检查轮胎是否漏气，做动平衡。

图14-32 给轮胎充气

项目十五

动力转向系统的检查

 知识点

1. 转向系统主要部件与工作原理；
2. 动力转向系统的常规检查。

 技能点

1. 检查转向盘自由行程；
2. 转矩传感器零点校正；
3. 液压动力转向的常规检查。

 参考学时及教学组织安排

本项目总学时为8学时，其中：理论教学为2学时，示范为1学时，学生练习为5学时。

教学可采用多媒体辅助教学，并结合实物讲解，使学生掌握动力转向系的原理和常规检查步骤。

根据实训设备的台套数，教学采用工艺化教学法。老师讲解并示范操作步骤和注意事项，适时下达操作指令，并进行工位间巡视、检查、指导和纠正错误。

项目实施所需设备、器材

丰田卡罗拉汽车

动力转向实训台架

智能检测仪

万用表

气动扳手及气源

举升机

任务 1　动力转向系统的认知

一、转向系的功用及分类

转向系的功用是改变和保持汽车的行驶方向。

转向系统直接关系到汽车行驶的操纵性和安全性,它除了能改变汽车的行驶方向外,还可以把路面作用在转向轮上的力矩反应给驾驶员,方便驾驶员了解路况。

汽车转向系统按转向动力源的不同,分为机械转向系统和动力转向系统两大类。

二、机械转向系统的组成及工作原理

机械转向系统以驾驶员的体力作为转向动力源。机械转向系统由转向操纵机构、转向传动机构和转向器三大部分组成,其一般布置情况如图15-1所示。

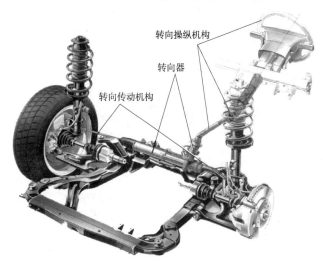

图15-1　转向系统整体结构

汽车转向时,驾驶员转动转向盘,通过转向轴、万向节和转向传动轴,将转向力矩输入转向器。从转向盘到转向传动轴这一系列部件即属于转向操纵机构。转向器中有1~2级啮合传动副,具有减速增力作用。经转向器减速后的运动和增大后的力矩传到转向摇臂,再通过转向直拉杆传给固定于左转向节上的转向摇臂,使左转向节及安装于其上的左转向轮绕主销偏转。左右梯形臂的一端分别固定在左右转向节上,另一端则与转向横拉杆作球铰链连接。当左转向节偏转时,经梯形臂1和梯形臂2的传递,右转向节及装于其上的右转向轮随之绕主销同向偏转相应的角度。转向摇臂、转向横拉杆、转向节臂、梯形臂和转向横拉杆总称为转向传动机构。梯形臂以及转向横拉杆和前轴构成转向梯形,其作用是在汽车转向时,使内、外转向轮按一定的规律进行偏转。

三、转向器

1. 功用

转向器是转向系统中的减速增力传动装置，其功用是增大由转向盘传到转向节的力，并改变力的传递方向。

2. 类型

转向器的种类很多，一般是按转向器中传动副的结构形式分类，应用较广泛的有蜗杆曲柄指销式、循环球式和齿轮齿条式等。目前，轿车上大多采用齿轮齿条式转向器。

3. 常见类型转向器的结构及工作过程

（1）齿轮齿条式转向器（图15-2）齿轮齿条式转向器主要由转向齿轮、转向齿条及转向器壳体等组成，当转动转向盘时，转向齿轮转动，使与之啮合的转向齿条沿轴向移动，从而使左右横拉杆带动左右转向节转动，使转向轮偏转，实现汽车转向。

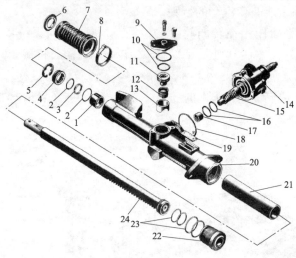

图15-2 齿轮齿条式转向器

1-支撑衬套；2-O形密封圈；3-环；4-齿条油封套；5-挡环；6-防尘罩挡圈；7-波形防尘罩；8-夹箍；9-盖板；10-O形密封圈；11-密封座；12-弹簧；13-压块；14-转阀；15-转向齿轮；16-O形密封圈；17-滚针轴承；18-O形密封圈；19-铭牌；20-转向器壳；21-缸筒；22-密封挡盖；23-O形密封圈；24-转向齿条

（2）循环球式转向器（图15-3）循环球式转向器主要由螺杆、螺母、转向器壳体以及许多小钢球等部件组成，所谓的循环球指的就是这些小钢球，它们被放置于螺母与螺杆之间的密闭管路内，起到将螺母螺杆之间的滑动摩擦转变为阻力较小的滚动摩擦的作用，当与方向盘转向管柱固定到一起的螺杆转动起来后，螺杆推动螺母上下运动，螺母在通过齿轮来驱动转向摇臂往复摇动从而实现转向。在这个过程当中，那些小钢球就在密闭的管路内循环往复的滚动，所以这种转向器就被称为循环球式转向器。

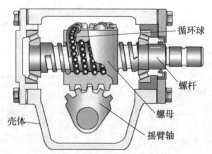

图15-3 循环球式转向器

四、转向操纵机构和传动机构

1. 转向操纵机构的组成

转向操纵机构一般由转向盘、转向

轴、转向柱管、万向节及传动轴等组成。

② 转向传动机构

转向传动机构的功用是将转向器输出的力和运动传给转向轮，使两侧转向轮按照各自的需要偏转一定的角度以实现汽车转向。

转向传动机构的构造根据与之配用的是独立悬架或非独立悬架而有所不同。一般由转向摇臂、转向直拉杆、转向节臂、两个梯形臂和转向横拉杆等组成。

五 动力转向系

动力转向系是兼用驾驶员体力和发动机动力作为转向动力源的转向系。动力转向系是在机械转向系的基础上加设一套转向加力器而构成的。

在汽车的发展历程中，转向系统经历了四个发展阶段：从最初的机械式转向系统（Manual Steering，简称MS）发展为液压助力转向系统（Hydraulic Power Steering，简称HPS），然后又出现了电控液压助力转向系统（Electro Hydraulic Power Steering，简称EHPS）和电动助力转向系统（Electric Power Steering，简称EPS）。

① 液压式动力转向系

（1）组成。

图15-4所示为桑塔纳液压式动力转向系统示意图。其中，除传统的机械转向系统所需部件外，增加了储油罐、动力转向液、转向分配阀和转向阀等转向加力器的各部件。工作时，液压泵在发动机传动带驱动下从储液罐中吸进液压油（ATF润滑油），并将具有压力的液压油输入到动力转向器的分配阀处。分配阀控制液压油的流向，根据转向盘输出的转向力的大小和方向，分配阀控制液压油返回储液罐，并使适当的液压油进入工作缸。在油压的助力下，推动转向器齿条。工作缸另一侧的液压油在转向器活塞和油压的作用下，通过分配阀流回储油罐。

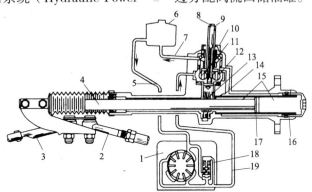

图15-4 液压式动力转向系统示意图

1-叶片泵；2-左转向横拉杆；3-右转向横拉杆；4-齿条；5-进油管；6-储油罐；7-回油罐；8-转向齿轮；9-扭力杆；10-分配阀；11-右阀芯；12-左阀芯；13-活塞右腔进油管；14-活塞左腔进油管；15-压力腔；16-动力缸；17-活塞 18-限压阀；19-高压油管

（2）优缺点。

装配机械式转向系统的汽车，在泊车和低速行驶时驾驶员的转向操纵负担过于沉重。为了解决这个问题，美国GM公司在20世纪50年代率先在轿车上采用了液压助力转向系统。但是，液压助力转向系统无法兼顾车辆低速时的转向轻便性和高速时的转向稳定性。

② 电控液压动力转向系统

（1）组成。

图15-5为电控液压助力转向系统，

其主要组成部分有储油罐、助力转向控制单元、电动泵、转向机、助力转向传感器等,其中助力转向控制单元和电动泵是一个整体结构。

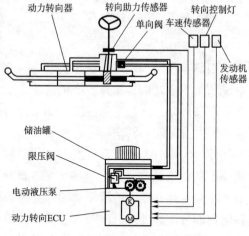

图15-5 电控液压动力转向系示意图

(2)优缺点。

1983年,日本Koyo公司推出了具备车速感应功能的电控液压助力转向系统。电子液压转向助力系统克服了传统的液压转向助力系统的缺点。这种新型的转向系统可以随着车速的升高提供逐渐减小的转向助力,但是其结构复杂、造价较高,而且无法克服液压系统自身所具有的许多缺点,是一种介于液压助力转向和电动助力转向之间的过渡产品。

3 电动助力转向系统

(1)组成(图15-6)。

电动助力转向系统的关键技术主要包括硬件和软件两个方面。

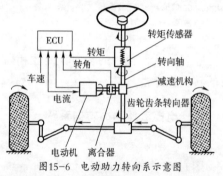

图15-6 电动助力转向系示意图

硬件技术主要涉及传感器、ECU和电机。传感器是整个系统的信号源,其精度和可靠性十分重要。电机是整个系统的执行器,电机性能好坏决定了系统的表现。ECU是整个系统的运算中心,因此ECU的性能和可靠性至关重要。

软件技术主要包括控制策略和故障诊断与保护程序两个部分。控制策略用来决定电机的目标电流,并跟踪该电流,使得电机输出相应的助力矩。故障诊断与保护程序用来监控系统的运行,并在必要时发出警报和实施一定的保护措施。

(2)工作原理。

电助力转向系统的工作原理如下:首先,转矩传感器测出驾驶员施加在转向盘上的操纵力矩,车速传感器测出车辆当前的行驶速度,然后将这两个信号传递给ECU;ECU根据内置的控制策略,计算出理想的目标助力力矩,转化为电流指令给电机;然后,电机产生的助力力矩经减速机构放大作用在机械式转向系统上,和驾驶员的操纵力矩一起克服转向阻力矩,实现车辆的转向(图15-6)。

(3)优缺点。

1988年,日本Suzuki公司首先在小型轿车Cervo上配备了Koyo公司研发的转向柱助力式电动助力转向系统;1990年,日本Honda公司也在运动型轿车NSX上采用了自主研发的齿条助力式电动助力转向系统,从此揭开了电动助力转向在汽车上应用的历史。

采用动力转向系的各汽车,在正常情况下转向时,驾驶员操纵机械转向系统。一方面提供转向所需的一小部分能量,另一方面则同时带动转向加力器工作,由发动机通过转向加力器提供转向所需的大部分能量。在转向加力器失效时,一般还能由驾驶员独立承担汽车转向任务。

六、转向系角传动比、转向时车轮运动规律

1. 转向系角传动比

转向盘的转角与安装在转向盘同侧的转向车轮偏转角的比值，称为转向系角传动比。

2. 转向时车轮运动规律

汽车转向时，内侧车轮和外侧车轮滚过的距离是不相等的。对于一般汽车而言，后桥左右两侧的驱动轮由于差速器的作用，能够以不同的转速滚过不同的距离。但前桥左右两侧的转向轮要滚过不同的距离，必然引起车轮沿路面边滚动边滑动，致使转向时的行驶阻力增大，轮胎磨损增加。为了避免这种现象，要求转向系能保证在汽车转向时，所有车轮均作纯滚动，显然，这只有在转向时，所有车轮的轴线都交于一点O方能实现，如图15-7所示，这个交点O称为汽车的转向中心。

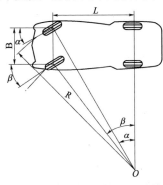

图15-7 转向时汽车车轮运动规律

由图中可以看出，转向时，内侧车轮的偏转角度比外侧的车轮倾斜角度要大，这是靠转向梯形机构来实现的。但是，目前汽车上使用的转向梯形机构还不能够做到2个转向轮在转向时纯滚动，而只能做到在一定的车轮偏转范围内，使两侧车轮大概接近纯滚动。

从偏转中心O到外侧转向轮与地面接触点的距离R称为汽车转弯半径。转弯半径越小，则汽车转向所需场地就越小，汽车的机动性也越好。

七、转向盘自由行程

1. 转向盘自由行程的概念

当汽车处于直线行驶时，转向盘为消除间隙而克服弹性变形所转过的角度，称为转向盘自由行程。也可以理解为在驾驶汽车过程中，向左或向右打方向，不使转向轮发生偏转而转向盘所能转过的角度。

适当的转向盘自由行程对于缓和路面冲击，使驾驶员操纵柔和，防止驾驶员过度紧张等是有利的，但不宜过大，以免过分影响转向灵敏性和产生转向摇摆现象。转向盘从相对于汽车直线行驶的中间位置向任何一个方向的自由行程不应超过10°~15°，当超过25°~30°时，必须进行调整。

2. 转向盘自由行程的调整

转向盘自由行程过大是由于转向系各机件之间装配不当或机件的磨损所致。当转向盘自由行程超过规定值时，应检查转向拉杆接头、转向节球头、转向器齿轮齿条是否磨损或损坏，零件安装或连接是否松动。如有不良，应更换相应零件。

（1）由一人抓紧转向节臂，另一人转动转向盘，若自由转角大，则表明转向器松旷，应予调整；否则，继续检查。

（2）由一人转动转向盘，另一人观察转向传动机构各球头销是否松旷，如松旷，应进行调整或拆除，更换磨损件；否则，继续检查。

（3）用千斤顶或举升机使前轮离开地面，在垂直方向摇动转向轮，如有松旷，则为主销与衬套间隙过大，应予修复；再横向摇动转向轮，如有松旷，则为轮毂轴承间隙过大，应予调整。

任务 2　电动助力转向系统的常规检查

一　拆检前一定要阅读有关资料

丰田卡罗拉汽车配备有SRS（辅助约束系统），如果未能按正确顺序执行维修作业，可能会导致SRS在维修过程中意外展开，极有可能造成严重事故。因此，在维修（包括检查、更换、拆卸或安装零件）前一定要阅读辅助约束系统的注意事项。

二　电动机动力转向零部件的拆卸、安装和更换注意事项

（1）拆下和安装动力转向机总成时，一定要将前轮对准正前位置。

（2）如果断开转向滑叉分总成和动力转向机总成的小齿轮轴，则在开始操作前一定要做好装配标记。

（3）更换转向柱总成或动力转向ECU后，校正转矩传感器零点。

三　转向盘自由行程的检查

首先将汽车停在正确位置，并保证汽车车轮正对前方，向左和向右慢慢转动转向盘，检查转向盘的自由行程，最大自由行程30mm（1.18in），如图15-8和图15-9所示。

图15-8　金属直尺靠近转向盘，但是不接触

图15-9　转动转向盘，查看转向盘自由行程

四　转矩传感器校零

注意

如果出现以下任一情况时，执行转矩传感器零点校正：转向柱总成（包括转矩传感器）已更换；动力转向ECU已更换；左右转向力矩有差异。

五　检查有无DTC

如果储存了DTC C1516（转矩传感器零点调整未完成），则不能校正转矩传感器零点，开始校正前清除该DTC，如果输出C1516以外的DTC，参见"诊断故障码表"，如图15-10所示。

图15-10　使用智能检测仪检测有无故障码

2 预先校正检查

（1）将点火开关置于OFF位置。

（2）断开E32动力转向ECU插接器。

（3）将点火开关置于ON（IG）位置。

（4）测量E32的6号端子（IG）和车身搭铁之间的电压（标准电压为11～14V），如果测量值为9V或更低，则不能执行校正，需对蓄电池进行充电或更换蓄电池，然后进行校正，如图15-11和图15-12所示。

（5）将点火开关置于OFF位置。

（6）连接E32动力转向ECU插接器。

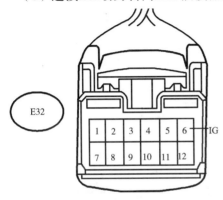

图15-11　E32（动力转向ECU）接线口

图15-12　检查E32的6号端子电压

3 初始化转矩传感器零点

如果更换了动力转向ECU，则不需要进行初始化。

（1）将转向盘置于中心位置，并将前车轮对准正前方。

（2）将点火开关置于OFF位置。

（3）使用SST，连接DLC3端子13（TC）和4（CG）。SST09843-18040如图15-13所示。

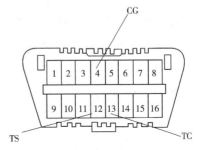

图15-13　DLC3端子示意图

将端子连接到正确位置以免发生故障。

（4）将点火开关置于ON（IG）位置。

动力转向系统常见故障产生原因如下。

（1）转向困难：前轮胎充气不当或者磨损不均匀、前轮定位不准确、前悬架（下球节）、转向中间轴、转向柱、转向机、动力转向ECU。

（2）回正性比较差：前轮胎充气不当或者磨损不均匀、前轮定位不准确、转向柱、转向机、动力转向ECU。

（3）没有自由行程或自由行程过大：转向中间轴、转向机。

（4）动力转向系统工作时，转动转向盘时出现敲缸（或摇动）现象：转向中间轴、前悬架（下球节）、前桥轮毂（轮毂轴承）、转向机。

（5）在低速行驶中转动转向盘时，出现摩擦声：动力转向电动机、转向柱。

（6）在车辆停止时慢慢转动转向盘

时出现尖锐的声音（"吱吱"声）：动力转向电动机。

（7）在车辆停止时转动转向盘，转向盘振动且有噪声出现：动力转向电动机、转向柱。

知识链接：电动助力转向系统（EPS）的类型

按照转向助力机构安装位置不同，电动助力转向系统（EPS）可以分为三类：转向轴助力式、转向器小齿轮助力式和齿条助力式。

一、转向轴助力式

转向助力机构安装在转向轴上，如图15-14所示。电动机的动力经离合器、电机传给转向轴的齿轮，然后经万向节及中间轴传给转向器。

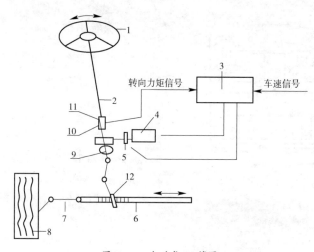

图15-14 电动式EPS简图

1-转向盘；2-转向轴；3-EPS ECU；4-电动机；5-电磁离合器；6-转向齿条；7-横拉杆；8-转向轮；9-输出轴；10-扭力杆；11-转矩传感器；12-转向齿轮

二、转向器小齿轮助力式

转向主力机构安装在转向器小齿轮处，如图15-15所示。与转向轴助力式相比，可以提供较大的转向力，适用于中型车。这种助力形式的助力控制特性方面比较复杂。

三、齿条助力式

转向助力机构安装在转向齿条处，如图15-16所示。电动机通过减速传动机构直接驱动转向齿条。与转向器小齿轮助力式相比，可以提供更大的转向力，适用于大型车。这种助力形式对原有的转向传动机构有较大改变。

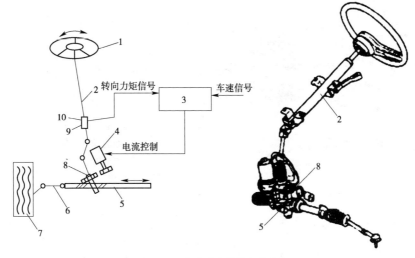

图15-15 小齿助力式转向系统图

1-转向盘；2-转向轴；3-EPS ECU；4-电动机；5-齿条；6-拉杆；7-车轮；8-小齿轮；9-扭力杆；10-转矩传感器

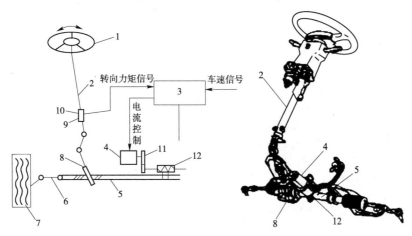

图15-16 齿条助力式转向系统图

1-转向盘；2-转向轴；3-EPS ECU；4-电动机；5-齿条；6-拉杆；7-车轮；8-小齿轮；9-扭力杆；10-转矩传感器；11-斜齿轮；12-螺杆螺母

任务 3 液压助力转向系统的常规检查

一 储油罐的检查

1. 液面高度的检查

使发动机怠速运转,反复将转向盘从一侧极限位置转到另一侧极限位置(图15-17),以提高液压温度,使油液温度达到40~80℃。此时检查储油罐内油量,油面应处在储油罐的"MAX"处,如图15-18所示。油量不足时,在检查各部位无泄漏后,按规定牌号补充液压油至"MAX"处。

图15-17 反复转动转向盘

图15-18 检查液面高度

2. 液压油品质的检查

检查液压油是否变质,如变质,更换规定牌号的液压油。

二 液压助力转向系统的排气

检查液面高度,必要时添加液压油。使发动机怠速运转,反复使转向盘从左极限位置转至右极限位置,直至储油罐内无气泡和泡沫为止。如液面有下降,应继续添加液压油直至达到规定液面高度("MAX"处)为止。

三 转向油泵V形带的调整

(1)松开转向油泵支架上的后固定螺栓,如图15-19所示。

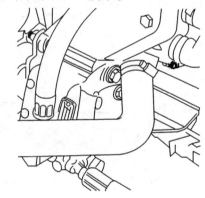

图15-19 松开后固定螺栓

(2)松开专用螺栓的螺母,如图15-20所示。

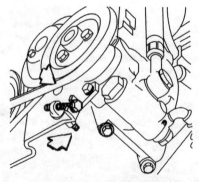

图15-20 松开专用螺栓的螺母

（3）通过张紧螺栓把V形带绷紧，如图15-21所示。当压在V形带中间处，V形带应有10mm挠度为合适。

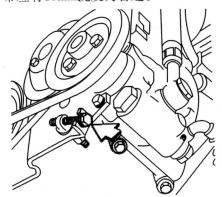

图15-21　张紧V形带

（4）拧紧专用螺栓的螺母。拧紧转向油泵支架上的固定螺栓。

四 转向系统密封性的检查

转向系统密封性的检查，应在热车时进行。将转向盘快速朝左、右两侧转至极限位置，并保持不动，此时可产生最佳管内压力。目测检查转向控制阀、齿条密封（松开波纹管软管夹箍，再将波纹管推至一旁）、叶轮泵、油管接头是否有漏油现象，如有渗漏应更换密封件。如果发现储油罐中缺少ATF油时，应检查转向系统的密封性是否完好。当转向器主动齿轮不密封时，必须更换阀体中的密封环和中间盖板上的圆形绳环。如果转向器罩壳中的齿轮齿条密封件不密封，ATF油液可能流入波纹管套里，此时，应拆开转向机构，更换所有密封环。如油管连接漏油，应查找原因并重新连接好。

五 转向油泵压力的检查

（1）将压力表装到连接管阀体和弹性软管之间的压力管中。

（2）起动发动机，如果需要，向储油罐补充ATF油。

（3）快速关闭截止阀（关闭时间不超过5min），并读出压力数，表压额定值为6.8～8.2MPa。

如果没有达到额定数值，就应检查压力和流量限制阀是否完好。如不正常应更换压力和流量限制阀，或更换油泵。

六 系统压力的检查

当发动机怠速工作时，打开压力表节流阀，使转向盘向左或右旋转至极限位置，同时读出压力表上的压力。表压额定值为6.8～8.2MPa。

如果向左或右侧的额定值达不到要求，就要修理转向器或更换总成。

参 考 文 献

[1] 周林福. 汽车底盘构造与维修[M](3版). 北京：人民交通出版社股份有限公司,2014.

[2] 丛树林. 汽车底盘构造与维修(新编版)[M]. 北京：人民交通出版社,2011.

[3] 王家青,孟华霞,陆志琴. 汽车底盘构造与维修[M](3版). 北京：人民交通出版社股份有限公司,2016.

[4] 曲英凯,刘利胜. 汽车底盘构造与维修全彩版[M]. 北京：人民交通出版社,2011.

[5] 崔振民. 汽车底盘构造与维修[M]. 北京：人民交通出版社,2010.